日本を貶《おとし》め続ける

朝日新聞との対決 全記録

ケント・ギルバート
Kent Sidney Gilbert

×

山岡鉄秀
Tetsuhide Yamaoka

目次

飛鳥新社

解説　大西達夫弁護士（朝日・グレンデール訴訟弁護団）　169

朝日新聞の慰安婦報道をめぐる集団訴訟の経過／朝日の反省は不十分／勝訴は免罪符ではない／朝日は人権を区別する？／記事の〝角度〟がもたらす客観的事実の軽視／組織全体の責任の自覚を——「新潮45」問題との比較／誤解の放置で自らも傷つく

巻末資料　238

はじめに

朝日新聞にまだ残っているはずの、良心ある記者のみなさんに、私たちは強く訴えます。多くの日本国民の疑念の声に、それでもなお背を向け続けるのですか、と。

私たちは今回、朝日新聞との直接対話を試みました。非難するためではありません。対話を通じて、朝日が良心に目覚め、現在の論調を変化させる可能性をわずかでも引き出したかったからです。言論の場で、立場の違いをのりこえて議論したいと、お互いの書簡すべてを公開しながら、正々堂々、フェアな論戦を挑んだのです。

まず初めに、日本では「誤報」と訂正した慰安婦問題について、英語版の記事では相変わらず「性奴隷」と印象づける表現を使い続けているのはおかしいと、私達は英語ネイティブスピーカーの観点から問題提起すべく、2018年7月6日、賛同者1万411筆の署名とともに、東京・築地の朝日新聞東京本社を訪問し、質問書を編集局幹部や広報部長らに手渡しました。

その後、朝日側の回答のなかで「慰安婦訂正記事の英訳版を掲載している」と指定されたページが、検索でヒットしないように工作されていたことが発覚します。要は英語圏の人たちに「誤報」の事実を読ませないようにしていたわけです。結局、朝日は私たちの計7回にわたる申入れに対して、河野談話など他人の権威を借りながら逃げ続け、正面から答えないまま、こちらの要望を全部はねつけ、議論をシャットアウトしました。

英語の表現については、語学の能力や知識次第で理解の程度に違いがありうる問題です。しかし、検索回避については、最重要の訂正記事2本だけが小細工されていたのは動かしようのない事実です。その姑息《こそく》さに多くの人が怒るのは当然でした。しかし朝日新聞はどれほど論理の不整合を突かれても、問題を認めず、あくまで「作業ミス」だったと強弁したのです。

今回の私たちの試みによって、数々の疑問点に納得のいく答えをひとつも出さないまま、かたくなにすべてを否認し続けた朝日新聞社の、これまで証明できなかった、世間の認識をはるかに上回る真の闇、「悪意」と「故意」の存在が暴かれたのではないでしょうか。

巻末所収の朝日新聞の回答は、同社の本質を研究する上での第一級資料です。日本という国と日本人を貶《おとし》めるためなら、手段を選ばず、不都合な問題を隠し通す。これまで幾度も同じパターンの報道不祥事を起こしてきた故意犯・確信犯の体質が、彼ら自身のことばで余すところなく語られています。

朝日新聞が自発的に悔い改めて反省することはないでしょう。だからこそ、私たちの戦いは続きます。この戦いに加わっていただける、勇気ある方々からの反響をお待ちしています。

２０１８年11月吉日

ケント・ギルバート

山岡鉄秀

第1章　海外歴史戦の現状と朝日新聞の英語報道

読者をバカにする朝日

ケント　これまで朝日新聞は、ごまかしにごまかしを重ね、印象操作を行ってきました。たとえば、森友学園報道における例の「安倍晋三記念小学校」の新設申請の文書ひとつとっても、あの黒塗りのスペースに漢字9文字が収まるわけがない。結局、「開成小学校」名で申請していたことがあとから明らかになったわけですが、こういう詐欺のような報道を平気でやる。朝日は読者をバカにしているんじゃないですか。

山岡　おっしゃるとおりです。読者に幅広い見方を提供しようというつもりがない。朝日新聞だけ読んでいる読者は、「朝日新聞の世界」の住人になってしまうのではないでしょうか。

ケント　朝日新聞は、情報に角度を付けたり、不都合な部分は報じなかったりすることで、「世界」を作ってしまうんですよ。

私もターゲットにされたことがあります。2018年3月6日付の朝日新聞が、私の『儒教に支配された中国人と韓国人の悲劇』（講談社＋α新書）に関する記事を掲載しました。

記事では、〈ネットなどでは当初から「嫌中・嫌韓本だ」との批判が相次いだ〉〈差別意識に基づくとの指摘も〉などと書いていました。一方でこの記事を読んだ70代の方からメールがきて、「朝日の記事はレベルが低すぎる。50年、朝日を読んできたが、この記事を読んで購読をやめることにした」と（笑）。朝日は「世界」を作り上げて私の本を批判するつもりが、自身の購読者を失ったようです。

山岡　この時は失敗に終わったわけですね。記事には、〈朝日新聞はギルバート氏にも取材を申し込んだが、取材方法をめぐって相互に折り合えなかった〉ともありました。どんなやり取りがあったのですか。

ケント　以前、取材を受けた際に、自分が思っていたのとは違った意図で記事を書かれたことがありました。単に取材を受けて記事にされると、印象操作される可能性がある。そのため、取材を受けるにあたって条件を出しました。

「質問は文書で送ってください。文書で答えます。また私たちも朝日新聞に対して取材したいことがあるので、これも文書で質問を送りますから、文書で回答を下さい。いただいた回答はソーシャルメディアに掲載します」と。そうしたら、向こうから断ってきました。私の本を取り上げた記事は署名記事でしたが、記者は自分の意見が公表されることを恐れたのかもしれません。

山岡　文書でやり取りするなんて何も問題もないことを避けておいて、〈取材方法をめぐっ

て相互に折り合えなかった〉というのもずいぶんです。

ケント　そんな話はまさに「閉ざされた朝日新聞の世界」でしか通用しないですよ。

山岡　朝日新聞が閉ざされた論理で自らの責任逃れをしようとするのは珍しいことではありません。「朝日新聞の慰安婦に関する報道で誤った事実が世界に広まり名誉を傷つけられた」などとして、2015年2月18日に在米日本人を含む62人が東京地裁に提訴した「朝日・グレンデール訴訟」についてもそうです。

原告側は、朝日新聞の誤報によって、事実と異なる情報や見解が世界に広まってしまった。それによって国連の勧告や米下院決議、慰安婦の像や碑が立つことになった。それによって、在外邦人の家族は日本人であることを理由にいじめにあったり、肩身の狭い思いをしている。名誉を侵害された、と主張しました。

2017年4月27日に一審の判決が出ました。地裁は「記事が国際社会における慰安婦問題の認識や見解に何らの事実上の影響をも与えなかったということはできない」としながも、「慰安婦問題の認識や見解は多様に存在する。いかなる要因がどの程度影響を及ぼしたかの特定は極めて困難」「嫌がらせなどに対する損害の責任が、朝日新聞の記事掲載の結果とは評価できない」とし、原告の主張は退けられました。

原告側は２０１７年10月26日に東京高裁に控訴。２０１８年2月8日の控訴審判決でも控訴棄却。「記事と原告らの被害との間の相当因果関係を認めることはできない」「各記事の掲

載が原告らに対する名誉毀損《きそん》の不法行為にはならない」としました。

これを受けて朝日新聞は「二審も本社勝訴判決」と8段の大きな記事で報じ、朝日新聞社広報部のツイッターアカウントは、判決を受けて「弊社勝訴で確定しました」などと勝ち誇っていました。が、彼らも自分たちの思っている世界だけで自己完結しているように思います。

ケント　たしかに、2月8日に東京高裁が判決を

言い渡した裁判自体は原告が敗訴しました。しかし判決文をつぶさに読んでみれば、朝日新聞が「弊社勝訴」と勝ち誇れるような内容ではありませんね。今も山岡さんが指摘したように、一審の判決文には「記事が国際社会における慰安婦問題の認識や見解に何らの事実上の影響をも与えなかったということはできない」とある。

山岡 そうです。名誉毀損による損害賠償を認めるところまではいかないけれど、全く影響がなかったとは言えない、と裁判所も指摘しているのです（本書補論・大西達夫弁護士の解説を参照）。

また、慰安婦報道によって生じた在米日本人に対する地元住民からの偏見や、いじめに遭った子供たちがいる、困っているお母さん方がいるという部分については、裁判所は事実として認定し、朝日新聞は一切反論していない。つまり、事実だと受け止めていると言っていい。

しかし判決では、朝日新聞の慰安婦報道は70年前の軍や政府を批判するものだから、現在の在米日本人の名誉が損なわれたとは言えない、としています。

また、仮に原告である在米日本人たちに対する嫌がらせなどをした人が、朝日新聞の記事によって日本人に対する否定的な評価を持ったとしても、それ以外に様々な情報に接し、自身の考え方に照らして行動を決めるものだから、朝日の記事と原告が被《こうむ》った被害の相当因果関係を認めることはできない、としています。

ケント　おかしな判決ですね。

山岡　朝日の記事、なかでも90年代の慰安婦キャンペーン記事が燃え上がって海外に広まり、２０１４年に朝日新聞が吉田清治《せいじ》記事を取り消したあとも、余波が広がり続けていることはたしかであるにもかかわらず、「法的に因果関係を認めるまでにはいかない」と。

しかし一審では「なんらの影響も与えていないということはできない」、控訴審では「主要な役割を果たしていると認めるには十分ではない」とし、影響そのものを全否定しているわけではありません。

ケント　分野は違いますが、たとえばアメリカの製造物責任にかかるＰＬ法で言えば、自分たちの作った製品が様々な人の手を介して第三者に渡り、最終的に使用者が何らかの被害を受けたとなれば、製造者は責任を持たなければなりません。

しかも、責任はなかったと主張する場合には、製造者の側がそれを立証しなければならない。日本の場合とは全く逆ですね。消費者の側が因果関係を立証しなければならないとなれば、専門知識と莫大な経費が必要で、日本の消費者は守られません。

今回の朝日新聞の訴訟で言えば、主要な原因でないとしても、わずかでも名誉が毀損された可能性が否定できないのであれば、一部であっても朝日の責任を認め、朝日に対して〝敗訴〟判決を下すべきです。もちろん、朝日は報道機関の社会的責任を自覚していれば、「ごめんなさい」くらい言うべきですよ。日本の法律はおかしいんじゃないの。

山岡　さすがケントさんは弁護士だから、このあたりは専門家ですね。

朝日新聞は「70年前の軍と政府に対する批判だから、現在の日本人に対する責任はない」という一辺倒。しかし「70年前のことを事実と異なる内容で報道したことによって、日本人である在外邦人たちが嫌がらせなどの被害を受けている」という点で被害者が存在することはたしかなのですから、少なくとも朝日の広報が〈これで慰安婦報道を巡り弊社を訴えた裁判がすべて、弊社の勝訴で終結したことになります〉と勝ち誇れるようなものではありませんね。

ケント　全くないですよ。損害賠償を認めないにしても、謝罪広告や更なる検証記事、あるいは訂正広告を世界の主要新聞に掲載すべきです。

山岡　海外に影響を及ぼしたこともたしかで、日本政府は国連で数回にわたって、吉田清治証言を朝日新聞が広く報じたことで海外に誤解が広がり、各地に慰安婦像が建てられた原因の一つになっていると指摘しています。また、２００７年に米下院で慰安婦非難決議が可決されましたが、06年に議会に提出された議会報告書では、はっきりと「朝日新聞がこの件に関してキャンペーンを張った」と書かれているんです。

ケント　大事なポイントですよね。せっかくなので触れておくと、この米下院の慰安婦非難決議案は議員同士の駆け引きで成立したものです。中国共産党系の抗日連合会からカネをもらっていたマイク・ホンダ議員が何としてもこれを通したくて、「協力してくれたら別の決議案に賛成する」と取引したものなのです。

しかもこの決議は本来、ＩＷＧ報告を受けて行われるはずでした。ＩＷＧ報告とは、ナチスドイツおよび旧日本軍の戦争犯罪に関連する機密文書を機密解除して再調査したアメリカ合衆国政府の省庁間作業班がまとめた報告書のことですが、結果的にこれは「慰安婦を軍が強制連行などして性奴隷とした証拠はなかった」としたものです。

調査員の一人は「抗日連合が期待していた証拠は出てきませんでした。ごめんなさい」なんて書いているのですから、この報告書の内容をすべての下院議員にちゃんと読ませて議会にかければ、決議は通らなかったかもしれない。その程度のものなのです。

慰安婦＝性奴隷なのか

山岡　朝日新聞や英字紙は最近ようやく、慰安婦について「sex slave」「性奴隷」などの表現を使わなくなってきました。

ケント　朝日系列の英字新聞「ジャパンタイムズ」も、２０１６年1月18日の自社の記事で「性奴隷（sex slaves）との表現は妥当である」と正式に明記していました。〈第二次世界大戦前、および大戦中に日本の軍隊に強制的に性行為を行わされた女性たちのことを〝性奴隷〟と表現するのが妥当だというのがジャパンタイムズの方針である〉と明言していたのです。これに対し、心ある日本の方々が抗議を申し入れるなどしていましたが、全く改まらなかった。２０１７年6月下旬頃に売却されてオーナーが変わってからも、慰安婦を性奴隷と表現してきたジャパンタイムズですが、２０１８年11月30日付の紙面で、大きな方針転換を公表しました。

山岡　「編集部からのお知らせ」と題して、次のように発表したのです。

「過去、ジャパンタイムズは誤解を招く可能性がある表現を用いてきました。第二次世界大戦前と戦中に日本企業に雇用された労働者について、『強制労働』という言葉が使われていました。しかしながら、労働環境や、雇用の経緯が多様である為、今後はそれらの労働者を『戦時労働者』と表現することにします。同様に、『慰安婦』は『第二次大戦前と戦中に、日本軍に性行為を強要されていた女性達』と表現していましたが、慰安婦の経験は戦争中、地域によって大きく異なるため、本日より、『慰安婦』を『自ら望まなかった者も含み、戦時下の娼館で日本兵相手に性行為を提供していた女性達』と表現することにします」（山岡訳）

ジャパンタイムズが慰安婦の表現を変更する理由として挙げた事実は、朝日が我々に述べたことと全く同じです。これで“Women who were forced to provide sex to Japanese soldiers”という表現に固執し、変更を拒絶する朝日新聞の非論理性が際立つことになりました。

もちろん、フェミニズムの研究者などを中心に「性を売る仕事に従事させられ、少しでも自由を制限された女性はすべて『性奴隷』」「だから『慰安婦＝性奴隷』という表現はおかしくない」という意見はあります。

たしかに、「白色奴隷」（19世紀のアメリカで、強制的に売春に従事させられるなど性的虐待を受けた女性の境遇を指す概念）のように、「本人が望まないのにそうせざるを得なかった」ケースを全て奴隷と見做《みな》すという概念はあります。

慰安婦となった女性にしても、当時、公娼制度が合法だったという背景のなかで、生活苦から親が娘をブローカーに売ったケースはあった。娘は内心、嫌ではあったけれど親のため、家のためと思って売られていったということもあったでしょう。

しかし、もともと朝日新聞が報じてきた「慰安婦」とは、「挺身隊《ていしんたい》という名で騙されて強制的に連行されて慰安婦にさせられた」「軍隊が組織的に女性を連れ去った」というものであり、韓国側は「十代前半の少女まで連行された」「慰安婦の多くは証拠隠滅《いんめつ》のために殺された」とまで主張しているのです。

「日本軍の性奴隷」といった場合にこのような誤った情報が付随してくることに対して、我々は「それは違う」と声をあげているわけで、「性奴隷という言葉は売春に従事している女性を語るうえで一般的な表現だ」という主張は議論のすり替えです。

ましてや、韓国では「連れ去られ、慰安婦にされた女性の多くは証拠隠滅のために殺された」とまで言われている。「性奴隷」というニュアンスに、ここまでの意味が連なってきてしまう。これは明らかに事実と異なるわけですから、日本の立場としては「その表現は事実に即していない」という必要があるわけです。

2018年2月27日には、韓国・ソウル市とソウル大学人権センターが共同で〈終戦前の

１９４４年、中国雲南省騰沖《トンチョン》で朝鮮人慰安婦が虐殺されて捨てられる場面を見せる19秒間の白黒映像〉（中央日報、同日）を公開しました。が、この映像に映っている女性たちは戦闘に巻き込まれた被害者であり、虐殺されて捨てられた慰安婦ではなかった。フィルムについている米公文書館の米軍による説明文にも「戦闘で死んだ日本兵と、戦闘に巻き込まれた国籍不明の女性と子供たちの遺体」と書いてある。さらには「中国人兵士が略奪のために遺留品を物色している」とまで書いてある映像だったのです。

なぜ、ソウル市とソウル大学はすぐばれるような嘘をついたのか。私の韓国人の友人はこういっていました。

「韓国では20万人以上が強制連行され、慰安婦にさせられたと教育してきた。しかし、『名乗り出てくれた方にはお金をあげます』と言って元慰安婦を探しても、２００人程度しか出てこない。数字が合わないので、殺されたことにしてしまおうと考えたんでしょう。日本はちゃんと反論しておかないと、韓国は今後も繰り返しキャンペーンをしますよ」

性奴隷という言葉一つに、こうした嘘の情報が乗っかって、事実とは全く異なる状態で国際社会に発信されてしまうわけです。なかには、「性奴隷」という表現を最初に使ったのは朝日ではない、と朝日を擁護する論調もありますが……。

ケント　国連に「性奴隷」という表現を持ち込み、慰安婦と結びつけたのは戸塚悦朗《えつろう》弁護士（当時）でしょう。

山岡　仮に、慰安婦に対して「性奴隷」という表現を朝日より先に使ったケースがあったとしても、大々的なキャンペーンを展開したのは誰だったのかという点で言えば、朝日の責任は揺るぎようがない。

言葉の定義を言うなら、挺身隊と慰安婦の混同は朝日が90年代に報じる以前からあったでしょう。しかし、明確に〈主として朝鮮人女性を挺身隊の名で強制連行した〉（1992年1月11日付）という記事を発信した朝日が免責されるはずもない。

問題は、「起源」以上に「インパクト」なんです。データベースを検索して「『性奴隷』という表現を朝日よりも前に使っていた海外メディアや論文があった」からといって誰も覚えていない、あるいは誰も知らなければ影響があったとは言えない。「性奴隷＝慰安婦」という印象を世に知らしめ、定着させた原因となった記事を書いた朝日新聞の責任が軽減されるわけではないでしょう。

「暗黒の歴史」とは

ケント「sex slave」なら、本物の「性奴隷」が現在も存在します。日本でダンサーやホステスをするために来日して業者に雇われた外国人女性がパスポートを取り上げられ、渡航費用の借金返済を口実に売春を強要されるケースです。こういった事例は世界各地にあるし、被害に遭《あ》っている女性も大勢いる。これこそ「性奴隷」ですよ。

山岡　いまの話を聞いて思い出しました。米ジョージア州ブルックヘブンに慰安婦像が建てられたので視察に行きましたが、慰安婦像の隣に自治体が立てた看板にはこんなふうに書いてある。

〈性的人身売買は、いま世界中で私たちの周りで起こっています。2014年、アトランタ都市圏は全米でも最も犯罪の多い地域であるとFBIに指定されました。この歴史的な記念碑に鑑《かんが》みて、今日起こっている犯罪をいかに認識し、声をあげたらよいか、考えていきましょう〉

つまり、現在行われている女性の人身売買の「象徴」として、慰安婦像と記念碑を位置づけているというわけです。こんな偽善と欺瞞《ぎまん》があるでしょうか。無茶苦茶な話ですよ。

しかも、碑文にはこうあります。

〈これは1931年から45年に日本帝国陸軍に奴隷にされた、「慰安婦」と呼ばれる婦女子を称える記念碑です。慰安婦は推定数十万人の20世紀最大の人身売買の一つです。この暗黒の歴史は、1990年代に生存者が勇気をもって沈黙を破るまで、数十年間、隠されてきました。

慰安婦はアジア太平洋の少なくとも13カ国の出身で、主に韓国です。ほとんどは第二次世界大戦中に殺されました。この碑はこれらの婦女子の記憶に捧げ、世界に蔓延《まんえん》する性暴力と人身売買を撲滅《ぼくめつ》するためのものです。私たちは決して忘れません。真実を教えます〉

ケント　これじゃあ、女性を対象とした人身売買の最悪の事例が、日本の慰安婦制度であったかのような表現ですよね。

山岡　その点も非常に問題です。さらにこの碑文で特筆すべきところは、〈暗黒の歴史は、1990年代に生存者が勇気をもって沈黙を破るまで、数十年間、隠されてきました〉の一文です。〈勇気をもって沈黙を破った〉人物は、朝日新聞の植村隆記者が91年に「元慰安婦が初めて名乗り出た」との記事を書いた金学順《キムハクスン》であることは明らか。この碑文は、海外での慰安婦に関する認識において、朝日新聞の90年代のキャンペーンが大きな影響を及ぼしたことを、いみじくも裏付けています。

朝日は性奴隷の件についても、挺身隊との混同についても、「自分より先にそういう記事があった」「自分たちが最初ではない」というし、朝日擁護の方々もそういう言い方をします。しかし、まだ誰も知らない状態でそういう表現が使われていたという事実と、キャンペーン的に大々的に報じた事実と、どちらが世間にインパクトを与えたのか。

ケント　これが朝日の報道による影響じゃなかったとしたら、じゃあ何なんだと聞きたいくらいだよね。

理解不能な「見舞金」

山岡　多くの心ある日本人や在外邦人が感じていることだと思いますが、慰安婦問題は国内的には、２０１４年の朝日新聞の吉田清治証言報道の取り消しでひとまず落ち着いた感があります。が、時を同じくして、海外の各地に慰安婦像が建設され始めています。なぜ、海外に戦線が拡大してしまったのか。

そもそもなぜ韓国人は、第三国に慰安婦像を建てるのか。日本人には理解しがたい心理ですが、在米韓国人の人たちは、周囲の人をどんどん巻き込み、いかに自分たちが被害者であるか、またいかに日本が加害者であるかを周囲に知らしめることで、自分たちの主張の正当性を担保しようとしているのです。いわば告げ口文化というのでしょうか。

ケント　まさに「恨《ハン》」の思想。常に誰かを批判していないと気が済まない。それが生き甲斐になるだけでなく、自身の正当な生き方であるというふうになっていくんです。事実であるかどうかは重要ではない。これが韓国の哀れな人たちの伝統的な考え方です。なぜ日本人は35年間も朝鮮半島を統治していたのに、こういう韓国人の特性が理解できないのですか。

山岡　戦後植えつけられた罪悪感で、学んだことを水に流してしまったのでしょうか……。

ケント　たしかに日本、特に政府の対応に問題はありました。慰安婦問題のそもそもの元凶は、日本政府がきちんと精査してから発表する手段を踏まず、いきなり謝罪したことにあります。日本の発想では、「ごめん」の一言で物事の半分くらいは終わってしまう。謝れば水に流してくれると思ったのでしょう。しかし、韓国の文化はそうではない。というか、日本以外の国はそうではない。

たとえば、日本政府が元慰安婦に対して支払った「見舞金」についても、外国人には理解不能です。

山岡　でしょうね。

ケント　以前こんなことがありました。私が所属していた教会の宣教師が、燃えないゴミ置き場で拾った炊飯器を自宅に持ち帰り、ご飯を炊こうとセットしたまま自宅を出た。帰ってきたら火事になっていたんです。団地だったので、その下の階に住んでいた人の部屋は、消火のための放水で水浸しになった。

　そこで当の宣教師が「一世帯当たり10万円の見舞金を払いたい」とアメリカの教会本部に許可を求めたら、「ダメです。それをやったら、過失を認めたことになる」と断ったんですね。これがアメリカの感覚です。「日本ではむしろ払ったほうが丸く収まるんですよ！」と説得して、結局支払いを認めてもらいましたが、「謝って払ったほうが丸く収まる」という感覚が通じるのは日本だけ。


山岡　おっしゃる通りです。私が住んでいたオーストラリアでは「これくらい払っておけばグッドジェスチャーと受け止められる」というケースもあり得るのですが、当然のことながら「責任は認めませんが、ジェスチャーとして払います」と明言することは欠かさない。

　一方、慰安婦問題における日本政府と外務省の対応は、「慰安婦は性奴隷ではないし、強制連行もしていない」と言いながら、謝罪してお金まで払っている。

「責任はないが、ジェスチャーとして払っている」などと言えるはずもない。むしろ外務省の説明では「女性の名誉と尊厳、心身の傷を回復するために支払った」となるわけで、これは海外の感覚で見れば、「いったいどれほどひどいことをしたのか」「相当悪いことをしたに違いない」と受け取られるのが普通です。「やってもいないことに謝罪して、お金払うなんて殊勝《しゅしょう》ですね」なんて話にはなりません。

日本を悪魔化する手法

ケント　ニュージャージー州フォートリーに慰安婦被害者を追悼する慰安婦碑が建てられるというので、これを阻止すべく、私が市長宛に英語で文書を送りました。そのなかでも見舞金について説明しました。「お金は払ったが、これは見舞金であって賠償金ではない。日本特有のやり方であって、日本軍の強制連行は政府も誰も認めていません」と。

さらには、「日本政府は強制連行については一度も認めていません」「20万人を強制連行したという話は論理的にあり得ない。もしあなた方が建てようとしている碑に『20万人』とか『性奴隷』という表現があるとなると、あなた方は慰安婦問題に詳しくないと露呈することになるか、あるいは政治的に意図があるとみなされるか、どちらかの結果にしかならない」とも伝えました。

これで少し碑文の表現は柔らかくなったかもしれませんが、地元の日本人の反対の訴えは通らず、昨年末に設置決議が通り、2018年5月に除幕式が行われています。

山岡　地元では、日本人のお母さんたちが中止要請を行っていたのですが、フォートリー市長は「実際問題、選挙民の多くに韓国人がいるから、その声を無視することはできない」と言っていました。

ケント　韓国人が彼らの伝統ともいえる告げ口文化からこういう運動に勤《いそ》しんでいる一方、中国人は違います。慰安婦像建設運動にかかわっている抗日連合会は、中国共産党のプロパガンダ組織です。在米韓国人に頼らず、抗日連合会や他の中国人グループが前面に出たのが、サンフランシスコの慰安婦像建設のケースでした。

アメリカで抗日連合会などの中華系団体は在米韓国人に近づき、彼らの精神構造を利用して慰安婦像を建て、日米の信頼を崩して離間に結び付けようとしている。

海外の住民のコミュニティの中で日本人を悪者に仕立て、延《ひ》いては日米分断にまで影響を及ぼそうということですよ。日本はひどい、野蛮だ、人権無視の国家だといって、「アメリカ国民の皆さん、こんな日本のためにアメリカが手を貸す必要がありますか」と日米同盟にくさびを打つプロパガンダとしてやっていることです。中国共産党はここまで考えている。これは、戦時プロパガンダと全く同じ手法です。

山岡　中国人は韓国人を信頼していないし、韓国人だけに任せておくと失敗するケースも出てくる。だから中国人団体が出張ってくる。ついには「慰安婦40万人説」を持ち出すようになりました。40万人の慰安婦のうち韓国人が20万人、残りの20万人は中国人だというわけです。アメリカで、アジア系移民の政治活動に関する実地調査を行いました。その結果、分かったのは、日系移民も、中国系も、韓国系も、はじめのうちは「同じアジア系移民として仲良くやりましょう」と言って、一定の連帯感を持っているように装う。しかし、地域住民における中韓系の合計割合が一定数を超えると、一気に掌《てのひら》を返すのです。私はこれを掌返しの臨界点と名付けました。よかれと思って「みんなで一緒に考えましょう。和解はもうすぐ」なんて甘い幻想を抱いていると、手ひどい目に遭います。

ケント　実は私のもとに、カナダで起きている恐るべき実態が寄せられました。トロントに住む中韓系がしきりに反日運動を行い、州議会の中国系議員に働きかけ、慰安婦像を建てようとしているというのです。地元の方が手紙で知らせてくれたのですが、それにはこう書いてあります。

「日本政府のだらしなさに、海外の日系人は絶望的な思いです。北朝鮮に娘を拉致《らち》された横田早紀江さんが、『日本という国は国家としてのテイを成していません』とおっしゃっていたのを思い出します。今の状態を作り出したのは朝日新聞。朝日のおかげで、海外に住む邦人・日系人は大迷惑をこうむっています」

「トロントでは、本国とつるんだ中国系・韓国系がしきりに反日運動を行っています。韓国系の施設の中には慰安婦像が飾ってあります」

「日本政府が外国人ジャーナリストを招聘《しょうへい》し、調べてもらえば、たくらみはすぐばれるはずなのに、日本人は事実から目をそらし、逃げようとする。ケントさん、中韓の陰謀阻止キャンペーンを行ってください」

山岡　悲痛な叫びですね。真正面から向き合わないで目をそらしていると、結局こうなってしまうんです。

外務省の事なかれ主義

ケント　山岡さんはオーストラリアで慰安婦像設置を阻止しましたね。他の地域でも反対運動や議会での反対演説などをしていますが、のきなみ連戦連敗といった印象です。同じ在外邦人でも、戦い方が違うのでしょうか。

山岡　それぞれの地域で、心ある在外邦人が連帯して戦って慰安婦像などの建設に反対する動きも見えてきてはいます。彼らは英語はもちろんできるわけですが、なかには運動方針の違いで空中分解してしまったり、何をどのような手段で訴えれば最も効果的かという観点が若干弱く、とにかく反論すればいいという調子になってしまっているところもあるようです。

日本からの反撃が弱い原因の一つは、言うまでもなく英語での説明力と発信力。海外であれだけ誤った発信がなされているのに、英語で即反論することができない。そもそも、日本政府や外務省が発信する文書の英語表現も、まるで日本がとんでもないことをしでかしたような印象を抱かせるものになっていて、逆効果になっています。

私自身、慰安婦問題について海外のジャーナリストの取材を複数回受けましたが、きちんとこちらの意見を述べれば、相手に良心があれば少なくともこちらの言い分を記事にはします。なかには、反論されて電話をガチャ切りしたジャーナリストもいましたが（笑）。

ケント　外務省に任せきりにしてきたのは大きな問題でしょう。これではダメ。彼らは事なかれ主義ですから。90年代から、慰安婦問題が日本にとって大きな問題になっていくことが分かっていただろうに、きちんと対処しなかった。

問題が発覚した時に特別調査委員会を組織して、アメリカでも韓国でも調査させてきちんとした報告書を出すくらいの努力は必要でした。それなのに、調べもせずに「ごめんね」と言って済ませようとした。ご近所トラブルじゃないんだから、それで済むわけがないでしょう。韓国や中国は明らかに悪意を持って活動しているんだから。
また、日本では英語を言い訳にする人も多いのだけれど、これも怠慢《たいまん》です。日本人が英語が苦手なら、私のようなネイティブスピーカーを雇えばいいんです。これで英語力の面は解決ですよ。簡単な話です。「駅前留学」に何十万円も払って、何カ月もかけて勉強しても、旅行に行って現地の人と全く交流できなかった、という人も多いでしょう。発想を変えて、優秀なガイドを雇えばいいんですよ。それと同じです。

山岡　そういえば、我々は現地のオーストラリア人の賛同者を前面に出して戦いました。日本対中韓ではなく、中韓対ローカルコミュニティという形に持ち込んだのです。構造の戦略的転換です。これが一番大きな特徴です。最近は外務省も少し変わってきて、謝罪一辺倒だった姿勢から、「慰安婦制度は性奴隷ではない。強制連行はない」と自ら主張するようになりました。２０１６年2月17日、外務省の杉山晋輔《しんすけ》審議官は、ジュネーブで開かれた国連女性差別撤廃委員会の対日審査会合で、慰安婦問題について次のように述べました（発言要旨、同日付産経ニュースより）。
〈日本政府は、日韓間で慰安婦問題が政治外交問題化した１９９０年代初頭以降、慰安婦問題に関する本格的な事実関係調査を行った。日本政府が発見した資料には、軍や官憲によるいわゆる強制連行を確認できるものはなかった。

慰安婦が強制連行されたという見方が広く流布された原因は昭和58年、吉田清治氏（故人）が「私の戦争犯罪」という刊行物の中で、自らが日本軍の命令で韓国の済州島《チェジュ》で大勢の女性狩りをしたという事実を捏造《ねつぞう》して発表したためだ。この内容は朝日新聞社により事実であるかのように大きく報道され、日本と韓国の世論のみならず国際社会にも大きな影響を与えた。

しかし、この書物の内容は複数の研究者により完全に想像の産物だったことがすでに証明されている。朝日新聞も平成26年8月5、6日を含め累次《るいじ》にわたり記事を掲載し、事実関係の誤りを認め、正式に読者に謝罪した。20万人という数字も具体的な裏付けがない。朝日新聞は26年8月5日付の記事で、通常の戦時労働に動員された女子挺身隊と慰安婦を誤って混同したと自ら認めている。なお、「性奴隷」といった表現は事実に反する。

日韓両政府は昨年12月28日、ソウルで日韓外相会談を行い、慰安婦問題が最終的かつ不可逆的に解決されることを確認した。両首脳も同日、電話会談を行い、合意を確認し、評価した。

今後、韓国政府が元慰安婦の支援を目的とした財団を設立し、日本政府は10億円程度の資金を一括で拠出《きょしゅつ》する。現在、両政府はそれぞれ合意内容を誠実に実行に移すべく取り組んでいる。国際社会は日韓両国の合意を歓迎している。

先の大戦にかかわる賠償や請求権の問題は、サンフランシスコ平和条約、日韓請求権経済協力協定や日中の処理の仕方も含むその他の2国間の条約などによって誠実に対応してきている。条約の当事者間では、個人の請求権の問題を含めて法的に解決済みというのは、日本政府の一貫した立場だ〉

ケント　へえ、朝日新聞の訂正にも触れているんだね。

山岡　はい。たしかにそれは進歩ではあるのだけれど、まだまだ舌足らずです。今引いた発言内容を見ても分かるように、「性奴隷ではない」「挺身隊とは違う」「女性狩りはしていない」と言うのはいいのですが、「では『慰安婦』とは何なんですか？」と聞かれると、説明できない。反論するようになっただけ、いいと言えばいいのですが、慰安婦制度というものは何であったのか、きちんと日本政府が定義しておかなければ反論のしようがないのです。

これからは反論ではなく「立論」をしなければなりません。慰安婦とはこういう女性たちだったのだ、と日本自身が説明できなければならない。短いセンテンスでありながら要点を押さえたprecise（精密）な説明が求められます。その先には、「じゃあなんでお金を払って、謝ったの？」という疑問も生じてくる。これにも答えなければならない。

ケント　アメリカ人の感覚で言えば理解不能ですからね。「私は何も悪くないんですが、謝ってお金を払いました」なんて（笑）。

日本人に対して冷酷な朝日

山岡　何より、こうしている間も、次々に慰安婦像が海外に設置され、そこに住んでいる在外邦人や日系人たちは肩身の狭い思いをすることになるのですから。その切迫感を、政府や外務省はもちろん、朝日新聞にもよくよく共有してもらいたいのです。

ケント　どんなに、在外邦人の置かれている状況を訴えたところで、朝日は責任なんて感じないでしょう。彼らの良心に期待するだけ、ムダ。謝罪どころか、反省の気持ちなんて全くないんですから。こういう冷酷な新聞は許し難いね。

山岡　そう、朝日新聞は日本人に対して非常に冷酷なのです。韓国人の元慰安婦のおばあさんに対しては「かわいそうだ」「寄り添わなければならない」と言うのに対し、今回の「朝日・グレンデール裁判」でもそうだったように、現在、朝日の報道によって被害に遭っている人……つまり、いじめられている子供や、子供を持つ親に対しては、完全に沈黙。全く同情しないし、「彼らが不利益を被《こうむ》っているのは私たちのせいではない」とただただ言い続けている。

もちろん慰安婦の女性たちだって、気の毒な面はあったでしょう。過去のことについては、それはそれで反省も必要かもしれない。しかしそのことによって、現在生きている人に被害が及ぶことを許していいわけではない。

にもかかわらず、朝日は「その英語表現がいまなお誤解を生んでいるので、止めてください」と指摘しても、絶対に直さない。「事実と違う情報で日本人が被害を被っています」と言っても、絶対に表現を変えないのですから。

ケント　この冷酷さは気になりますよね。日本人に対する上から目線というレベルを飛び越えている。朝日の社是は「日本解体・日本打倒」ではないのですか。だから共通の目的を持つ中国や韓国を擁護する。それどころか、「日本叩き」の材料を中韓に与える。首相の靖國神社参拝問題はその最たるものです。

山岡　朝日は「『日本打倒』という社是を正式に掲げたことはない」と言うでしょうが（笑）。しかし朝日新聞の日本人に対する冷酷さは、ちょっと異常です。

朝日新聞は、「愛国心」と聞くと過剰な反応を見せます。かつて天声人語は、〈「日本人としての自覚」「我が国を愛し発展に努める」といった記述に、ふと立ち止まる。食事中に砂粒を噛んだような感じがする〉（２０１４年３月７日）とまで書きました。朝日新聞は、日本人が愛国心を持つことに対する嫌悪感があるんですよ。これは一体、何なのか。

ケント　ＷＧＩＰ（War Guilt Information Program）、つまり占領政策の影響が残っているのかな。「日本は悪いことをしたじゃないか」と言われたら、条件反射的に謝らなければならないと刷り込まれているのでしょう。

いまも嘘を書き続けている

山岡　朝日新聞の慰安婦報道が、まさにその「刷り込み」の影響を露呈している、最たるものでしょう。朝日新聞は吉田清治記事を取り消したあとも、慰安婦問題に対する「誤解」を特に海外にふりまいています。

今からお話しするポイントが、この本で私たちが指摘し、そして朝日新聞と文書で確認し合った重大な問題になるのですが、朝日新聞の英字記事では、慰安婦に関する報道で、〈forced to provide sex〉、つまり「セックスを強制された」という定型文を必ず入れてきます。もうほとんどコピペかフォーマットのようなもので、慰安婦（comfort women）という単語のあとには〈forced to provide sex〉という説明が必ずつくのです。

これはケントさんのようなネイティブスピーカーからすると、「物理的な強制によって性行為を余儀なくされた」というイメージを与える表現なんですよね。

ケント　そうです。「性行為を強制された」というイメージで、この表現では女性側に断る余地はない。

山岡　朝日新聞の英字記事はたしかに〈sex slave〉、つまり「性奴隷」という表現は使わなくなってきていますが、本人の意思を無視して性行為を強制されるという表現は、限りなく〈sex slave〉に近いものになる。これを印象操作と言わずして何というのでしょうか。

この点は、「朝日・グレンデール訴訟」でも指摘した点です。〈forced to provide sex〉という表現について、「仮に〈sex slave〉という言葉を使っていなくても、それを想起させる表現を使うのはおかしい」と指摘しました。ケントさんにも「この表現は『20万人強制連行』説、『性奴隷』説の流布《るふ》を助長しており、誤報による侵害を現在も継続し、拡大している」という意見陳述書を出していただきました。

これに対して朝日新聞側は、「これは強制連行や性奴隷だと明言するものではない」と主張しているのですが、では一体、何を表現しているのか。「無理やり性交渉を行った、としているけれど『強姦《ごうかん》』とは言っていない」というようなもので、極めておかしな表現です。朝日新聞はどういう意図で〈forced to provide sex〉という表現を使い続けるのか、その説明責任を果たしていません。

ケント　使っている単語を文字どおりに取ってくれというなら、そうしましょう。〈forced to provide sex〉という表現に従えば、女性の側に断る権利はない。しかし実際には、慰安婦になった女性たちには客を断る権利はあった。多額の報酬も受けていた。

朝日の英字記事では、〈forced to provide sex〉のあとに、〈to Imperial Japanese soldiers〉、つまり「大日本帝国の兵士に」と続きますが、旧日本軍や軍の兵士が女性の権利を奪って「性行為を強要」したのではない。仮に一定の自由を奪われていたとしても、直接女性たちの権利を抑圧した主体は軍ではなく、女性たちを管理していた業者のはずです。

つまり、朝日がいくら弁解しても、この表現は事実と異なることを報じていることに変わりはない。

そのうえ、朝日新聞の英語向けの説明では〈comfort women〉の後ろに、もうほとんど自動的に、毎度のように〈who were forced to provide sex〉と続け、「慰安婦は性行為を強制された女性たちである」と説明し、日韓合意のニュースでも、あるいは大阪市長によるサンフランシスコ市への「慰安婦像受け入れ拒否の申し入れ」に関するニュースでも、「慰安婦＝comfort women」という単語が出てくるたびに毎度毎度、説明文として挿入している。

英語のネイティブである私が読むと、これは「物理的に強制された」、つまりレイプや性奴隷的扱いを受けていたに等しい印象を持ちます。そして、「一体、誰に強制されたの?」と考えてしまう。

あたかもその疑問に答えるかのように、朝日新聞はこの後ろに〈forced to provide sex to Japanese soldiers〉、つまり「日本軍兵士のために性行為を強要された」と必ず続けます。強制した主体は書かれていませんが、この説明では日本軍や、日本軍兵士が強制したかのような印象を読者に与えます。私たちはこれを問題視しているのです。

山岡　〈forced〉とは「物理的な力を持って強制された」という意味を持ちます。この説明では、これまでの朝日新聞の報道と相まって、女性たちが日本軍によって強制的に連れ去られ、性行為を強要された、との印象を与えます。

そういった行為が行われたのが戦場だったのかどうか、強要された女性が、いわゆる仕事として慰安婦をしていた人なのかも不明なのに、「性奴隷」に極めて近い印象を与えます。少なくとも、当時は法的にも認められた慰安婦という職業として娼館に勤め、賃金が発生していたという印象には到底なりえません。

多くの慰安婦は、実際には職業としてその職に就き、対価を得ていました。客を断る自由もあった。たしかに給与が軍票だったために、あとから価値がなくなってしまったケースはあったでしょう。が、女性たちは強制的に建物に押し込められて自由を与えられず、無償労働をさせられ、奴隷のような扱いを受けていたわけではない。そうした実態が、この〈forced to provide sex〉という表現では全く伝わらないのです。

しかも、これはインターネット放送局・言論テレビの番組（２０１８年8月3日放送分）で、櫻井よしこさんが指摘されたことですが、〈forced to〉という表現が使用されたもう一つの事例が、徴用工の問題です。ユネスコの世界文化遺産に軍艦島が登録される際、この地に朝鮮半島から労働者を連れてきて「強制労働させた」ことを明記せよと韓国側に押し切られ、英語の説明文に〈forced to work〉と明記されてしまった。

国際労働機関（ＩＬＯ）によれば、強制労働は犯罪ですから、日本人は朝鮮人労働者にもきちんと賃金を払っていたにもかかわらず、違法な強制労働を彼らに強《し》いた、と自ら誤った情報を世界に発信してしまった、と櫻井さんはおっしゃっています。

それと全く同じで、慰安婦の報道でも、今も間違った表現が使われたままです。私が代表を務めているＡＪＣＮ（Australia-Japan Community Network）のシドニー事務局で調べてもらったところ、朝日新聞は過去1年でもおよそ12回、慰安婦に関する記事を書き、その際には必ず〈forced to provide sex〉という説明を付記しています。

ケント　しかしこれは、慰安婦の女性たちが置かれた状況を代表するものではありません。慰安婦の女性たちはそれぞれの事情を抱えており、たしかに自分の意に反して親に売られた人もいたでしょうが、一方では自らその職業を選んだ人もいた。そのことを知っていたから、当時の朝鮮人は軍人も含めて反乱を起こさなかった。

にもかかわらず、すべてを一緒くたにして、あたかも慰安婦になった女性全員が性奴隷的な扱いを受けていたかのように印象づける。読者に対する刷り込みを行っているとしか思えません。

何より許せないのは、それが事実に反する表現だからです。朝日の記者や社員が間違ったことを言って平気な顔をしているということに、強く抵抗を覚えます。

朝日は赤旗と一緒

山岡　事実と違う表現を使い続け、指摘されても絶対に変えないとなれば、そういう印象を与えると分かっていてあえて書いていると見做すほかはないでしょう。

ケント　少なくとも、「ジャーナリズム」ではありませんね。ジャーナリストは真実を追求していくなかで、たとえ結果が自分の望むものではなかったとしても、ありのままに報じなければならない。しかし日本のメディアを見ていると、どうもそういう姿勢がうかがえない。むしろ活動家による機関紙、つまり「赤旗」と一緒です。そして彼らの偏向報道が中国や韓国のプロパガンダを後押しすることになっている点も見逃せない。

山岡　まさにそうですね。朝日は何が何でも、日本が悪かったことにしなければ気が済まない。結果的にそうなっているのか、あえてそうしているのかは分かりませんが、完全に中国、韓国と同じ視点で物事を見ている。

ケント　朝日新聞の「目的」はなんですか？　日本をつぶすことでしょうか。私は日本のメディアに興味を持つようになって本当に信じられない思いがしましたが、朝日新聞は嘘の記事を書いて30年以上も撤回しなかった。そもそも、朝日の記者たちが吉田清治の話を本気で信じていたとは思えないんですよ。

現在の沖縄タイムスや琉球新報などを見ても、彼らにとっては事実であるかどうかよりも自分の主義主張が先に立っています。これはジャーナリストではなく、政治活動家。

日本のメディアは「言論の自由」を盾に、何でも報じてしまう。しかし、その結果生じた影響については責任を取らなければならない。報じておいてそこから逃げるのは無責任です。

〈forced to provide sex〉という表現は、第一に事実ではないという点がありますが、朝日がどうしてもその表現を使うというのであれば、朝日はそれによって生じた責任を取らなければならないはずです。

国民の声で止めるしかない

山岡　いずれにしても、朝日による実害はいまも広がり続けています。これはもはや、国民の声によって止めるしかない。そこで、ケントさんと私は〈朝日新聞に英語版での慰安婦強制・性奴隷の印象操作の中止を求める署名〉活動を行い、朝日新聞に申入れを行いました。詳しくは２章以降で説明しますが、朝日側に対する主な要望は、以下の三つです。

「ネイティブが読んだときに、事実と齟齬《そご》のある表現を使うのをやめてほしい」

「吉田証言が虚偽であり、記事を撤回した事実を改めて英文で告知してほしい」

「もし、前記表現が軍隊による物理的強制連行や性奴隷化を意味しないと主張するなら、具体的に、『性行為を強制された』とは何を意味するのか明確に説明してほしい」

この申入れの原点は、まさに冒頭で触れた「朝日・グレンデール訴訟」にあります。本訴訟で朝日新聞弁護団はこう述べました。

「女子挺身隊が慰安婦として動員されたとの印象があったとしても、70年以上も前の事実であり、これによって現在の日本人の社会的評価が低下するとは言えない」

たしかに、法的な因果関係は裁判所でも「認められない」という判決が出ました。しかしそうだとしても、一度「誤報」と認めたにもかかわらず、実質的に同じ内容の報道を、英語版で続けていることは、言論機関としての信義にもとるはずです。在外邦人に悪影響が及んでいるのは事実で、そこに「被害」はあるのです。

だからこそ、裁判という閉ざされた空間から出て、改めて公の場所で、公明正大に、「国民の声」である署名とともに朝日新聞社に提示して、彼らがどう判断を下すのか、明らかにしなければならない。

朝日は「国民の声」にどう応えるのか。これは「言った言わない」とか解釈の話ではなく、現に使っている表現をやめてほしい、使い続けるなら説明責任を果たせという至極《しごく》具体的な要望ですから、朝日新聞には誠意をもって答えてほしい。

ケント　誠意をもって対応しなかったら、いよいよ朝日はおしまいだよ。

第2章　申入れ実施と朝日とのやりとり

朝日新聞の印象操作

山岡　前章でお話しした「朝日の英語表現変更」を求める署名が1万数千筆集まりました。そこから署名として成り立っている1万441筆を持参し、7月6日に朝日新聞社を訪れました。もちろん、きちんとアポを取りましたから、朝日新聞側もきちんと対応してくれました。申入れ書の概要は以下の通りです（全文は巻末に掲載）。

①今後、（「軍隊による物理的な強制で性行為を強《し》いられた」という印象を与える）表現（＝forced to provide sex）を使用しないこと。
②吉田証言が虚偽であり、記事を撤回した事実を改めて英文で告知すること。
③もし、前記表現が軍隊による物理的強制連行や性奴隷化を意味しないと主張するなら、具体的に、「性行為を強制された（forced to provide sex）」とは何を意味するのか明確に説明すること。
④今後慰安婦の説明的表現を追加するなら、comfort women who worked in brothels regulated by the military authorities などの表現を使用すること。

申入れ当日、朝日側は及川健太郎編集局ジェネラルマネージャー補佐、後田竜衛《うしろだりようえ》広報部長、河野修一広報部長代理の三名が対応してくれました。

そこで私は以下のような話をしました。前章でも触れたように、朝日新聞英語版の報道内容と、在外邦人に対するいじめやコミュニティでの疎外《そがい》感などに対する法的な因果関係は確かに裁判所では認められませんでした。しかし、因果関係というならまさに私自身が相当、それを証明している、と。

私自身、まさか南半球の豪州で、慰安婦問題に遭遇するとは夢の夢にも思いませんでした。オーストラリア在住時代は特に政治的なことをフォローしていたわけでもなく、ただただ普通に生活していただけだった。そこへ慰安婦像の問題が突然降ってきて、地元のコミュニティが脅《おびや》かされることに恐れおののいた母親たちから助けを求める声があがり、なんとか対処しなければと行動し、ストラスフィールド市での慰安婦像建立《こんりゆう》を阻止できたのです。

慰安婦報道によって、私はまさにライフチェンジング、人生を大きく変えるような出来事に見舞われたわけです。それから４年間。慰安婦像の公有地への設置は回避できましたが、海外に広まった「慰安婦強制連行」の誤解は解けず、活動をやめられずに今に至る状況です。

　まさか自分が朝日新聞社の本社に出向いて申入れをするなんてことは思いもしなかったし、こんなことを趣味でやるわけがない。それはひとえに、朝日新聞の報道によって、私がここまでの活動をしなければならなくなったこと自体が、まさに朝日の報道と、在外邦人への影響の〝因果関係〟ではないのか、と朝日新聞幹部に申しあげました。

　朝日側からは、「申入れと署名を重く受け止め、真摯《しんし》に回答する」との返事をいただきました。朝日幹部のお三方は大きなリアクションはないものの、静かにこちらの言い分を聞いていた、という印象でした。

ケント　膝を突き合わせて30分ほど面談し、こちらの言い分をかなり丁寧に説明しました。私のほうがちょっと熱くなった場面があって、それはメディアとしての在り方に触れた場面です。

　アメリカで言えば、ニューヨークタイムズ（NYT）は非常にプライドの高いメディアで

すが、それゆえに虚偽の記事が掲載された際には何度も謝り、きちんと検証し、書いた記者をクビにして、「自分たちは本来、真実を伝える新聞であって、虚偽を伝えたのは誤りだった」ということを強くアピールしてきました。

しかし、朝日新聞はどうなのか。２０１４年にたしかに検証記事を出し、吉田清治に関する記事については取り消しましたが、それだけ。あとは「虚偽を認めた記事も英訳して自社サイト内に掲載しています」と言ったり、「海外で慰安婦が性奴隷と報じられるのは朝日の記事による影響ではありません」などとする第三者委員会の検証を印籠《いんろう》のように掲げたりするばかりで、真摯《しんし》に反省している様子がうかがえない。

日本の名誉が、日本国内の報道機関によってここまで毀損《きそん》された事例が他にあるだろうか。朝日新聞の皆さんが犯した罪がどれほどのものなのか、もう一度よく考えてほしい。なぜその責任を感じないのか、無責任ではないか、と言いました。

そして、「自社サイトに英訳を掲示したくらいでは、胸を張って『責任を果たした』とは言えない。もしも本当に、皆さんがやったことが大きな問題であり、責任を感じているというなら、国内だけではなく、NYT、ワシントンポスト、朝鮮日報など、朝日の記事を引用していた新聞に、朝日新聞のお金で、誤解を払《ふっ》拭《しょく》するための一面広告を出すべきだ」と言いました。それくらいやって初めて「誠意をもって対処した」と言えると思うからです。

そして最後に、「過去は過去のことだから、これからどうするのかが問題です。できる限り、朝日新聞には誠意を見せてほしい、私たちも協力するから」と言いました。

まあ、朝日の人たちはみな、静かに聞いて、無表情でメモを取っていただけでしたね。私たちが言いたかったことは理解したと思いますが。

予想どおりの逃げを打った

山岡　そして回答期限の7月23日の夕方過ぎに、朝日新聞から返答が来ました。

結論としては、〈英語表現に関する申し入れに応じることはできません〉。ある意味予想していましたが、ある意味では予想を上回る回答だったとも言えます。ただ、こちらが申し入れた4点について、朝日側の考えがよく分かる回答ではありました。

再度、こちらが質問した４点を確認しつつ、朝日からの回答を見ていきましょう。

①今後、（「軍隊による物理的な強制で性行為を強いられた」という印象を与える）表現（＝forced to provide sex）を使用しないこと。

①について朝日新聞は、こう回答しています。

〈記事を書く際は事実関係を十分に調べたうえで、ふさわしい表現を選ぶよう心がけています。記事でどんな表現を使うかについては、個々の状況や文脈に応じてその都度、判断してまいりたいと考えています。

今回ご指摘の英語表現に似た「forced　to　provide　sexual　services」という表現は、「女性のためのアジア平和国民基金」（アジア女性基金）のサイト「デジタル記念館　慰安婦問題とアジア女性基金」の英語版ページ（http://www.awf.or.jp/e1/facts-00.html）の冒頭で使われています。日本語版のページでは「いわゆる『従軍慰安婦』とは、かつての戦争の時代に、一定期間日本軍の慰安所等に集められ、将兵に性的な奉仕を強いられた女性たちのことです」と定義されています。（http://www.awf.or.jp/1/facts-00.html）

アジア女性基金は１９９５年に村山内閣主導で発足し、国民からの募金と政府からの資金拠出により元慰安婦への「償《つぐな》い事業」を実施。外務省ホームページの「歴史問題Q＆A」のページでも、アジア女性基金の活動が紹介されています。

(https://www.mofa.go.jp/mofaj/area/taisen/qa/index.html)

１９９３年8月4日に発表された河野官房長官談話では、「慰安婦の募集については、軍の要請を受けた業者が主としてこれに当たったが、その場合も、甘言《かんげん》、強圧による等、本人たちの意思に反して集められた事例が数多くあり、更に、官憲等が直接これに加担したこともあったことが明らかになった。また、慰安所における生活は、強制的な状況の下での痛ましいものであった」と記されています。(https://www.mofa.go.jp/mofaj/area/taisen/kono.html)

菅義偉《すがよしひで》官房長官は２０１４年6月20日の記者会見で「河野談話作成過程に関する検証作業」について述べた際、「河野談話を見直さない、平成19年に閣議決定した政府答弁書であるとおり、これを継承するという政府の立場はなんら変わりはありません」と発言しています。

(https://www.kantei.go.jp/jp/tyoukanpress/201406/20_p.html)

慰安所の生活で「強制的な状況」があったとする記述を含む河野談話の内容は、現在の安倍政権まで日本政府が継承してきた立場といえます。朝日新聞が慰安婦問題を報じる際は、こうした日本政府の立場も踏まえつつ、今後もさまざまな立場からの視点や意見に耳を傾け、

多角的な報道をめざしていく所存です〉

つまり前半では、指摘した表現と類似の表現をアジア女性基金の英語版サイトが使っていることを提示し、「だから自分たちの表現も間違っていない」としています。

しかしこの点について、私たちは「そう来るだろう」と読んでいました。そのため、申入れ書にもこう明記しておいたのです。

〈朝日新聞社は、類似した表現がアジア女性基金のサイトにて使用されていることを挙げて当該表現の使用を肯定していますが、外務省は国会にて杉田水脈《みお》衆議院議員の質問に対し、鯰《なまず》参事官が「外務省の見解は必ずしもアジア女性基金の見解と同一ではなく、国連女子差別撤廃委員会における、慰安婦強制連行、性奴隷化を否定する杉山審議官（当時）の発言を公式見解とする」旨を明言しており（平成30年3月28日）、アジア女性基金サイトの表現は御社の表現を肯定する根拠となりません〉

予測して塞《ふさ》いでおいた逃げ道に、朝日新聞はあえて逃げ込んだ格好になります。

ケント　これが日本の大新聞のやることなんだろうか。朝日の回答は、自分たちに都合の悪いものは無視して、ただ自分たちが正しいと思う言い分を並べたものでしかありません。論理的に成り立っているかどうかも考えない。ディベート大会だったら、相手が「こういう論理は使えないよ」と先に述べていることを繰り返したら、その時点で負けですよ。
それに、他で使っている表現だからと言って、それが適切であるかどうかとは関係ないのですがね。

山岡　自身の英語表現を正当化できる材料が、アジア女性基金と河野談話しかなかったということでしょう。しかしいずれも90年代に発表されたものです。
そして気になるのは末尾の部分。
〈慰安所の生活で「強制的な状況」があったとする記述を含む河野談話の内容は、現在の安倍政権まで日本政府が継承してきた立場といえます。朝日新聞が慰安婦問題を報じる際は、こうした日本政府の立場も踏まえつつ〉……というのですが、いつもは反権力を標榜《ひょうぼう》しているのに、こういう時は「政府見解も同様の表現だ」というのもちょっとどうなのかと思いますが（笑）。

ケント　全く情けない（笑）。

山岡　何より、朝日は回答書で〈記事を書くたびに、国内外のさまざまな立場の意見や歴史研究の蓄積なども考慮しながら、人権に配慮し、個々の状況や文脈に応じて、その都度ふさわしい表現を使うよう努めてまいりたいと考えています〉としています。しかし外務省の答弁が変わったのはまさに歴史研究や各種調査の蓄積によるもの。そこには当然、朝日新聞自身の2014年8月5日の「慰安婦報道検証記事」の影響もある。にもかかわらず、朝日は20年以上も前の河野談話やアジア女性基金を引き合いに出して、自身が使っている表現を正当化している。これ自体、矛盾というしかない。

ケント　朝日って日本のクオリティペーパーと言われていて、日本人の中でも優秀な人たちが就職しているはずですよね。なのにどうしてこうなるんだろうな。……まあ今のは嫌味ですがね。

「軍による強制」匂わせる

山岡　続いて、②吉田証言が虚偽であり、記事を撤回した事実を改めて英文で告知すること。

これについて朝日新聞はこう回答しました。

〈朝日新聞が吉田清治氏の証言を虚偽と判断して記事を取り消したことについて、新聞紙面では2014年8月5日付朝刊の特集記事で伝えました。「朝日新聞デジタル」では現在も、下記のURLで紙面を掲示しています。(http://www.asahi.com/shimbun/3rd/20140805l6.pdf)

英語版の紙面は現在発行していませんが、２０１４年8月5日付記事の英訳版は「朝日新聞デジタル」で２０１４年8月22日に掲載し、現在も下記のＵＲＬで全文閲覧できます。

（https://www.asahi.com/articles/SDI201408213563.html）

また、「朝日新聞による慰安婦報道を検証する第三者委員会報告書」の要約版の英訳文を、国連本部、同広報センター、米国議会、在日米国大使館、韓国大使館、米国グレンデール市などに送付しています〉

ケント　ご丁寧にＵＲＬまで貼ってくれたのはいいんだけれど、でもこの記事、いくら検索しても出てこないんですよね……。ＵＲＬを入れれば表示はされるんだけれど、記事にある英単語で検索しても引っかからない。どうしてかな（編集部注・この疑問が第3章で驚愕の展開へ発展する）。

山岡　さらに③もし、前記表現が軍隊による物理的強制連行や性奴隷化を意味しないと主張するなら、具体的に、「性行為を強制された（forced to provide sex）」とは何を意味するのか明確に説明すること。

これには、朝日新聞はこう答えています。

〈慰安婦とされた女性の訴えは人によって、あるいは時期や場所、戦況によって大きなばら

つきがあり、個々の状況全体を総合して具体的に説明するのは困難です。
「1について」の回答で紹介した「河野談話」で「強制的な状況」への言及があり、また「アジア女性基金」サイトの説明で「性的な奉仕を強いられた」との説明がありました。
また中国や東南アジアなど、戦時中に日本の占領下にあった地域で、日本軍の一部部隊が現地女性などを強制的に連行し、慰安婦にしたことを示す供述や調査結果が、戦犯裁判記録や連合国側の政府調査報告などで明らかになっていることも踏まえています。
また、「forced to provide sex」という表現について、英語ネイティブスピーカーが読めば、「軍隊による物理的な強制で性行為を強いられた」という印象を受けると指摘されていますが、当該表現は「意に反して性行為をさせられた」という意味です〉

ケント　ん？　僕、日本語が分からなくなったのかな。「（軍隊による）物理的な強制で性行為を強いられた」と「意に反して性行為をさせられた」は違う意味なんですか？

山岡　我々の解釈と、朝日新聞側の説明にほとんど違いはないですよね。

この回答もまた、矛盾しています。慰安婦とされた人たちには、それぞれ個別の事情があった。親に業者に売られた人もいれば、仕事の内容をある程度理解したうえで、それでも親に家を建ててあげたいなどと、その仕事を自ら選んだ人もいた。まさに朝日新聞の回答どおり、慰安婦の方々の置かれた状況は人によってばらつきがあり、女性たちの状況を総合して具体的に説明するのは困難なのです。

だからこそ私たちは、物理的な強制を連想させる〈forced to provide sex〉という表現を、極端に一般化した慰安婦の説明として使うべきではない、と指摘しているのです。

ケント　自分たちが「ばらつきのある女性たちの境遇を〈forced to provide sex〉という表現でひとまとめにしているのに、何を言っているの？

山岡　また、見落としそうになりますが、冒頭に「慰安婦とされた女性」と、これまた受動態になっています。朝日は全ての慰安婦が強制されていないと、どうしても気が済まないようです。

また、朝日新聞は〈forced to provide sex〉という表現について、〈英語ネイティブスピーカーが読めば、「軍隊による物理的な強制で性行為を強いられた」という印象を受けると指摘されていますが、当該表現は「意に反して性行為をさせられた」という意味です〉と説明していますが、これも詭弁《きべん》です。

ケント　意に反していない女性もいたんだからね。朝日がどんなに解説したところで、読んだ側がどう受け取るかと言えば、やはり「軍が強制した」というようにしか読めない。「直訳ではこうです」と辞書的な解説を引いたところで、言い訳にもならない。だいたい、英語ネイティブの人間が、この表現を読んだ時に朝日新聞に「これは『物理的な強制』を意味しているんですよね？　え、違うんですか？　辞書的には『意に反して性行為をさせられた』？　どう違うんですか？」って問い合わせるわけにいかないじゃないですか。私と違って脳内では英語の思考だけで完結しているんだから（笑）。

山岡　しかもこの〈focred to provide sex〉という表現は受動態になっていますから、「ならば『誰が』女性たちの意に反した性行為を強要したのか」という話になります。英文であれば「forced to provide sex by …」と続く。ところが朝日の記事には強制の主体者は書かれておらず、「強制したのは誰なのか」が分からない。あえてボカしているんでしょう。

ケント　朝日は本当にズルいと思いますよ。慰安婦についてさらに詳しい説明をする際には、朝日新聞は〈Comfort women〉のあとに、ほとんど自動的に〈who were forced to provide sex to Japanese soldiers before and during World War II.〉と続けています。

ここは重要なポイントなので繰り返しますが、朝日がいくら「『軍による物理的な強制』を意味するものではない」と言っても、その英語を読んで受け取るほうは「軍が強制したのだろう」という印象を絶対に抱くのです。朝日が本当に意図していないとしても、結果的に印象操作になってしまっている。普通に読んでも意図が伝わらない表現を使い続けるのは、朝日にとってもマイナスじゃないですか。

それを指摘されても直さないというのは、やっぱり「強制連行があったと思わせたい」という動機があるのではないかと疑うことには十分すぎる合理性があります。それに、仮に本当に彼らにその気がなかったとしても、多くの人が誤った解釈をする記事を意図的に発信したら、朝日新聞には生じた結果に対する責任が生じますよね。

山岡　さらに別の記事では〈"Comfort women" is a euphemism for women who were forced to provide sex to Imperial Japanese troops before and during the war. Many of the women came from the Korean Peninsula.〉と説明しています。後段で、「多くの女性が朝鮮

半島から来ていた」とある。これ自体が虚偽で、慰安婦の多くは日本人女性でした。この期に及んでも、まだ朝日新聞は嘘を重ねている。

記事によっては、朝鮮半島の説明として〈under Japanese colonial rule〉と、日本の植民地下にあったことを付記しているものもあります。こうなるとあたかも、植民地だった朝鮮半島で、統治者である日本の軍が女性たちを慰安婦にし、強制的に性を提供させたかのような印象を与えてしまいます。

ケント　朝日新聞は自分たちが何を言っているのか、本当に分かっているのかな。

山岡　朝日の表現は、まさに朝日が懸念するような誤解を、読者に与える恐れがある。だからこそ、④今後慰安婦の説明的表現を追加するなら、comfort women who worked in brothels regulated by the military authorities（＝軍当局によって規制された娼館で働いた慰安婦）などの表現を使用してはどうか、提案したのです。

そうでないと、戦場で強制的に連れてきた女性をレイプした、まさに性奴隷にしたかのように受け取られかねないからです。

重要なのは、慰安婦になった女性たちは、誘拐され監禁されて暴行を受けた被害者ではなく、業者が運営する娼館（brothels）で仕事（work）として売春をしていたことです。そうした事実に沿った記述で記事を書くべきではないか、と提案しました。

しかし朝日新聞の回答はこうでした。

〈記事を書くたびに、国内外のさまざまな立場の意見や歴史研究の蓄積なども考慮しながら、人権に配慮し、個々の状況や文脈に応じて、その都度ふさわしい表現を使うよう努めてまいりたいと考えています〉

しかし結論として、朝日新聞はこう締めくくっています。

〈以上から、英語表現に関する申し入れに応じることはできません〉

ケント　「申し入れには応じない」という結論が先に決まっていて、あとからそれぞれの言い訳を考えたんでしょうね。

この回答を読んだ時に、〈その都度ふさわしい表現を使うよう努めてまいりたい〉と朝日が言うから、「おっ、ひょっとして真剣に考えてくれるのかな」と思ったら、最後の一文でバサッと期待を裏切った。持ち上げておいて落すという感じですよね。これは失礼極まりない回答じゃないですか。……まぁ別に朝日に礼儀正しい態度を求めているわけではないけれど（笑）。

山岡　この最後の一文には、何か感情的なものを感じますよね。企業広報の観点から言えば、

〈記事を書くたびに～その都度ふさわしい表現を使うよう努めてまいりたいと考えています〉という一文で留めておけば、「今度、変わる可能性もあるのかな」と思わせることができ、企業の柔軟な姿勢を示すこともできる。しかし朝日は「申し入れには応じない」と最後にシャットアウトしてしまっていることで、非常に印象が悪くなっています。

だって、〈その都度ふさわしい表現を使うよう努め〉た結果として、申し入れに応じたのと同様、表現が変わる可能性はあるわけで、その余地を残すような回答でもよかったはずです。それを最後にダメ押し的に「応じることはできません」としている。これは非常に残念です。

今回の申入れは、ネットなどで飛び交っている朝日に対する暴言や、あるいはある種一方的な論評とは違い、極めて冷静な言論において、互いに膝を突き合わせて見解を明らかにしようという試みでした。裁判の場ではなく、開かれた言論の自由の名のもとに、朝日新聞の論調と対峙《たいじ》していく。そのためにこちらは、内心はどうあれ体面上は感情的にならず、罵倒するようなこともせず、とことん冷静で緻密な議論としてやろうとしているわけです。

ケント　プライドが高い人ほど、人に言われて態度を改めるのを嫌がるものです。だから一度は、変えないと言っていても、後からこっそり、「言われたから変えるのではなく、新しい知見に基づいて表現を見直しました」と言うかもしれない。……いや、朝日にそんなことを期待するのはやっぱり無駄かもしれないね。もう性善説はやめましょう。

事実に興味がない朝日

山岡　求めているのは、朝日新聞の誠意ある対応と、もしこちらの申入れや提案に応じないのであれば、それはなぜなのか、どういう理由に基づくのかという回答です。だからこそ、今回、意を尽くして、丁寧に手順も踏んで、このような申入れをしたわけです。

それに対する回答はいま紹介した通りですが、解説してきたように、新たな疑問も浮上してきました。そこで私たちは、7月26日、朝日新聞に対して再度、申入れを行いました。

ケント　全く納得できませんからね。主に、以下の三つに対する回答を求めたわけです。

Ⅰ　回答文の末尾にあった「人権に配慮し」の人権とは、誰の人権を意味するのか？

Ⅱ　朝日新聞としては、これ以上積極的に世界に広まった誤解を解消する努力をする意思はない、と理解してよいか？

Ⅲ　朝日新聞が使用する〈forced to provide sex〉というフレーズにおいて、「女性の意に反して性行為をさせた」のは誰なのか？

山岡　まずⅠについては、戦時下の女性の人権に配慮することは当然だとしても、今現在生きている人々、特に海外に住んでいる日本人の子供たちや、子供を想う親御さんたちの人権も考慮すべきではないかという観点からです。

私もケントさんも、海外在住の方から、「慰安婦像が建てられることで、地元のコミュニティに反日的な考えが広まり、苦しんでいる」というメールなどを多数受け取っているからです。朝日はどうも、在外邦人よりも元慰安婦のおばあさんたちに心情が傾いているようですが、そのあたりをどうお考えなのか、確認したい。

Ⅱは、朝日のこれまでの答えでは、この吉田清治関連の記事の撤回について、確かに英訳の記事は存在するけれど、それだけで終わりなのか。これ以上の努力をするつもりはないのか、という確認です。

Ⅲは文字通り、〈forced to provide sex〉のフレーズにおいて、女性の意に反して性行為をさせた行為者は誰なのか。朝日新聞は行為者として誰を念頭に置いているのか、明確にしてほしいという質問です。

これについても、回答期限の8月3日に朝日側から回答がきました。今回の返答は短いので全文をご紹介すると、こういう内容でした。

〈今回頂いたご質問には、基本的には前回お送りした回答で意を尽くしていると考えております。

今後も、記事でどのような表現を使うかについては、国内外の様々な立場の意見や歴史研究の蓄積なども考慮しながら、個々の状況や文脈に応じてその都度、判断してまいりたいと考えています〉

ケント 全く誠意が感じられません。「前回お送りした回答で意を尽くしている」というけれど、前回の回答で答えていない部分があったから再度申入れたんですよ。それなのに一切答えない。議論をシャットアウトしたということです。

山岡 特に問題なのは、Iに対する回答です。「人権に配慮して表現を考えている、というが、誰の人権に配慮しているのですか」と訊いたのに対し、なんと二度目の回答文ではこの「人権に配慮し」という文言《もんごん》が消えているのです。これには正直驚きました。絶句です。「ここまでするのか」と。答えたくないから消しておけ、という朝日新聞の態度、本心が透けて見えるようです。在外邦人の人権には絶対に配慮したくないのでしょう。

ケント　ここまで来ると嗤《わら》っちゃうよね。一度はかっこよく「人権に配慮」なんて言いながら、突っ込まれると削ってしまう。結局は、人権よりも自分たちの立場やメンツのほうが大事なんでしょう（笑）。

山岡　私がオーストラリア在住時に、慰安婦像の設置をめぐって反対行動を起こしたのは、そのことが現地の人たちの「日本人が誤解されてつらい思いをしている」「子供がいじめに遭う」という切実な悩みにつながっていたからです。

いまも世界各国、各地の慰安婦像が建つかもしれないという地域に住んでいる邦人の方々から、私やケントさんに「私たちは日本政府に見放されている。何とかしてほしい」という訴えの手紙やメールがくるのです。このことは、朝日新聞に申入れた際にも、三人の幹部の方にお話ししたのですが……。

現実に朝日の報道によって、海外に暮らす日本人の人権が侵害されている。だからこそ私たちは、「朝日が考慮している人権、というのは誰の人権ですか」と問うた。しかし朝日新聞は答えない。朝日新聞はやはり、日本人の人権には配慮していないと言わざるを得ません。

ケント　Ⅲの「女性たちに性行為を強制したのは誰なのか」についても、朝日は全く答えませんでした。やはり「日本軍が」「日本軍兵士が」強制したと言いたいのでしょうが、明らかに事実とは違うので、そうは答えられなかったのでしょう。明らかにそう思わせる表現を使っていながら、明確には言えない。

彼らは「事実とは違う」ことも、「この表現が事実とは違う印象を与えるものである」ことも、分かってやっている。実に卑怯《ひきょう》。そのことが朝日とのやり取りで明らかになりました。つまり、朝日新聞のこの報道は「報道」ではなく、「プロパガンダ」だということです。朝日の行動基準は、ロジックではなくイデオロギーだということも分かる。結論から言えば、朝日新聞に対する知的信頼はゼロになったということです。

さらにいえば、朝日は議論にも、事実に迫ることについても興味がないんですね。本来、事実を明らかにするために多角的な意見を持ち寄って議論する。しかし朝日は議論を拒否し、逃げる。朝日は最初から事実に興味がないのですよ。

朝日のこのような態度は、私や山岡さん、あるいは表現の変更申入れを要求する署名に参加した方々だけでなく、日本人と日本を愛する人々全てに対する侮辱《ぶじょく》だと思います。

山岡　私たちは今回、極めて理性的に、手順を踏んで、丁寧に、礼を尽くして朝日新聞側に申入れを行いました。それに対する朝日新聞の回答は、文章は一見、丁寧ですが、中を見ればそうではない。「あなた方の提案は一切受け入れない」という強い意志が読み取れます。

ケント　そういうのを日本語で何と言うか知っていますか。「慇懃《いんぎん》無礼」ですよ（笑）。

山岡　もう一点指摘すれば、前回と違うのは〈今後も～個々の状況や文脈に応じてその都度、判断してまいりたいと考えています〉としている点。「今後も」ですよ（笑）。「今後は」というならまだわかりますが、「今までもそうだったし、今後もそうしていく」というのは、あまりにおかしい。〈forced to provide sex〉という表現の、一体どこが〈個々の状況や文脈に応じてその都度、判断〉した結果だというのか。

もし本当に、慰安婦になった女性たちの個々の状況を考慮しているのであれば、〈forced to provide sex〉、つまり「性行為を強制された」などという、極めて画一的で極端に一般化された表現を使うはずがない。これはもう我々の指摘を徹底して無視するぞ、という宣戦布告のようにさえ思えます。

誤解の発信源を続けるという朝日の決意

ケント　私たちだけではない、日本人全体に対する宣戦布告と言っていいですよ。1億2000万人以上の人たちが、日本をよくしようと思って毎日一生懸命努力している。海外で働き、暮らしている人たちもいる。何か事件や不祥事を起こせば日本の評判が落ちる。だから真面目に、コミュニティを乱すことなく暮らしているというのに、その人たちの足を引っ張る組織が朝日新聞ですよ。

これは左右の話でも、イデオロギーの話でも、歴史認識の問題でもない。嘘までついて、指摘されても開き直って、それでも態度を改めないというのだから、これはもう「日本を貶《おとし》める」目的のためにやっている確信犯と見做《みな》さざるを得ないでしょう。

朝日新聞が慰安婦報道を訂正した時、最初は「確認不足だったのかな」「怠慢かな」と思いました。だってまさか、最盛期には毎日800万部もの新聞を発行していた日本のクオリティペーパーが、誤報だと知りながら平気でいられるとは思わないですよ。

吉田清治があまりにディテールの細かい、作り話とは思えないような語り口で、「女性をトラックに押し込んで強制連行した」などと話したものだから、朝日の記者もつい信じてしまったのかな、と。しかし1、2本の記事ならいざ知らず、18本もの記事を掲載したとなれば、朝日ともあろうものが裏も取れないのに続々と掲載するわけがない。根拠がないと分かっていながら、報じ続けたのは明らか。

そして2014年に吉田清治の記事を撤回した後も、〈forced to provide sex〉という表現で慰安婦に対する強制を臭わせている。指摘されても改めない。朝日新聞がこうも熱心に、慰安婦に関する嘘を報じ続ける理由は何なのか。誰のためなのか。誰のためかは分かりませんが、日本人のためではないことだけは明らかでしょう。

だって、あれだけ在外邦人の声を伝えても、一言の言及もないんですよ。「朝日・グレンデール訴訟」のときだって、「我々の責任ではない」の一点張り。日本人同士なのだから、「法的責任は取れないが、もしそういう風評被害が広まっているとすれば善処したい」の一言くらいあってもいいのではないですか。でも、一言もない。こうなるともう、朝日新聞の動機は真実追求のためでもない、日本人のためでもない、なんだか得体の知れないものを感じます。

山岡　今回は朝日新聞に対して、正面から申入れをして、お互いやり取りをすることで、朝日側の認識が明確になるはずだった。ところが明らかになったのは、日本人に対する冷徹な態度や、誤りを指摘されても居直る姿勢、そして徹底して事実に即した記述を避けて、誤解を生む表現にこだわる朝日新聞の本質です。

ケント　見てはいけないものを見てしまったような気分だな。最初から朝日には期待しないようにしていたけれど、ここまでとは思わなかった。

国民に対する宣戦布告

山岡　そこで8月3日付の朝日新聞の回答に対し、私たちは再度このような返答を出しました。ここには我々だけでなく、署名を寄せてくれた方々、あるいは私たちに対して、海外から助けを求めてくる日本人の方々の思いがこもっていますので、少々長いですが全文を紹介いたします。

〈私どもの追加質問に対する8月3日付の御社回答を受け取りました。今回のやり取りを通じて以下のことが明らかになったのは重要だと思います。すなわち、御社が記事中で繰り返し使用する〈forced to provide sex〉という意味は、自らの意志に反して性行為をさせられたという漠然とした意味であり、慰安婦の境遇と証言は様々であり、御社は強制の行為者を明らかにする意志がない。

ここに再度繰り返しますが、御社の記事中における〈forced to provide sex〉という表現は英語ネイティブスピーカーが読めば、日本軍による組織的強制を連想します。国内向けには吉田清治証言に関する記事の訂正、取り消しをしておきながら、英語記事では自分の意に反したら強制という漠然とした定義でかつ強制の行為者を明示しないまま、軍隊による組織的強制を連想させる表現を使い続けることは、無責任で反社会的行為でさえあると言わざるを得ません。

御社の回答では、今後は方針を展開し、国内外の様々な意見や、歴史研究の蓄積も考慮しながら、個々の状況や文脈に応じてその都度適切な表現を使用されるとのことですから、今後は文脈を無視した極端な一般化がなされることはないであろうと推察し、私どもの指摘に耳を傾けてくださったことに感謝いたします。

私どもは多くの国民とともに英語環境を含めた御社報道のモニタリングを継続し、必要に応じて問題提起をさせていただく所存です。御社におかれましては大手言論機関として自らの言葉に忠実に、責任ある態度で公正な報道を心掛けていただきますよう、一万人以上の国民を代表して重ねてお願い申し上げます〉

ケント　日本人に対する侮辱は許し難くて、本当は声を荒げたいくらいなんだけど、もう怒りを超えているんですよ。呆《あき》れちゃってね。この申入れは「慇懃無礼」ではなく、日本人の嘆きを代弁しているものですよ。

山岡　しかし朝日新聞は、さらに追い打ちをかけました。8月3日の回答後の8月15日に、朝日新聞は早速、問題の表現を使った英語記事を2本も発信しています。これでいよいよこの表現が、朝日新聞が社として確信をもって書いているものだとはっきりしました。

朝日新聞は、「アジア女性基金と同じ表現」と述べて責任逃れをしている。あるいは、人権に配慮すると言いながら誰の人権なのか答えない。女性の立場が様々であったことを自覚しながら、〈forced to provide sex〉という表現で極度に一般化してしまう。そして何より、〈その都度ふさわしい表現を使うよう努めてまいりたいと考えています〉としながら、我々の申入れは断固として受け入れない。

朝日新聞がこのように公に回答した内容は、客観的な事実として残った。このことには大きな意味があるのではないかと思います。

これまで朝日新聞に対する批判は数十年にわたって行われ、慰安婦報道に関しても、90年代からその誤りが指摘されてきました。２０１４年にようやく誤りを認めましたが、検証記事はあくまでも取材の不備、担当記者の責任といった調子で、真に反省したとは言い難い。

そのうえ今回は、「〈forced to provide sex〉という表現では誤解を招きますよ。別の表現にしてはどうですか」「実際に、被害をこうむって困っている人たちがいるんですよ」と指摘したにもかかわらず、まだ続けている。ここまでくると、もう「誤報」だとか、「取材不足」だとかいう次元ではない。

今回は手続きを踏んで申入書を朝日新聞本社内で直接手渡し、そして朝日の記事の意図するところを質問し、朝日側の回答も得た。仮にも日本を代表するとみなされてきた新聞が、このような認識で記事を書き、英語で発信したことに対し、一記者の考えなどではなく社として「変更すべきものだとは考えていない」と自らの見解を示した。朝日の社としての考えが白日の下に晒《さら》されたのです。

一つの企業としてのチョイスを、朝日新聞は自ら示した。これは今後、朝日新聞を語るうえで外せない歴史の1ページになったのではないでしょうか。

ケント　言論で応じただけでも大きな進歩ですよ。私が呼びかけ人を務める「放送法遵守《じゅんしゅ》を求める視聴者の会」は複数のジャーナリストに討論会を提案しましたが、ことごとく断られました。朝日が冷静に話を聞いて、回答しただけでもそれからすればずいぶんマシ。

一方で、忘れてはならないことがあります。もちろん言論の自由がありますから、朝日は自由に、自社の記事の英語表現をチョイスすればいい。しかしその自由を享受《きょうじゅ》するならば、同時にその先の効果に対しても責任を負ってもらわなければ困る。自分では「軍による強制を意図したつもりはない」と言ったって、あの表現では多くの人がそう捉《とら》える。それによって個人や国が不利益をこうむることがあれば、それに対する責任を全うしなければならない。

山岡　まさにそうですね。朝日新聞はおそらく、英語の世界での報道では、多少乱暴な記事を配信してもバレないだろうと思っていたんだろうと思います。率直に言えば「そこまでやるか」という感じ。

国内では慰安婦問題はほとんど終結し、朝日の誤りは周知された。しかし海外では、慰安婦像が建つなど日本の敗北が続いています。朝日新聞がこの敗北に影響を及ぼしていることは言うまでもありません。

しかし、天網恢恢疎《てんもうかいかいそ》にして漏《も》らさず、とはよく言ったもので、朝日の悪行は露呈し、朝日側も「なぜそのような報道を続けているのか」を、答えざるを得なくなった。もちろん今回は「申入れ内容は受け入れません」というシャットアウトを決めたわけですが、今後、朝日新聞の英語表現が〈ふさわしい表現〉に変わっていくのか否か。これも引き続き監視していく必要があると思います。

ケント　前章でも述べたように、ジャパンタイムズの慰安婦報道に変化が出ました。だからいまは、誤った英語報道の〝発信源〟は朝日新聞の英字報道だと見ていいでしょう。

山岡　たとえばロイターが書いた慰安婦の記事を、朝日が配信する際、そのロイターの記事には朝日とほぼ同じ表現が出てくる。つまり、朝日が〈forced to provide sex〉という表現を使い続ければ、それを読んで慰安婦に関する記事を英語で書く別の媒体の記者も、同じ表現を定型文のように使ってしまう。だからこそ、元を絶たなければならないのです。

もはや国内の議論では、２０１４年に決着がついた。しかし、朝日新聞は諦めていません。朝日新聞を常にモニターし、紙面だけではなくウェブ版の記事や、英語記事にまで目を光らせなければなりません。

ケント　日本人みんなが、もう少し敏感にならないとダメですよ。

朝日新聞は自分たちが慰安婦問題でどんな罪を犯したのか、自覚できていません。反省する以前に、悪事をなしたという認識がない。なぜなら、「自分たちは権力と戦っているんだ」と言ってふんぞり返っているからです。

「pride goes before a fall」という英語の諺《ことわざ》があります。プライドが大きい人は大きく落ちる……日本で言うところの「驕《おご》れるものは久しからず」といったところです。朝日新聞はまさにそうなりつつあります。

嘘をつく朝日新聞という牙城《がじょう》は、いままさに崩れつつある。もし朝日新聞が今後も反省せず、態度を改めないのであれば、私たちはその崩壊速度を加速させなければなりません。

第3章 検索回避問題の発覚と支離滅裂な回答

朝日報道の〝実害〟

山岡　これまで、朝日新聞の慰安婦に関する英語報道の「表現」について、朝日新聞社に直接申入れを行ってきました。私とケントさんの間で二度の対談を行い、この問題を論じてきました。しかしその後、英語表現とはまた違った点で、朝日新聞のとんでもない現在進行形の「過失（?-）」が明らかになったのです。

ケント　さすがに私も驚きましたね。朝日新聞はここまでやるのかと。

山岡　前提となる経緯を短く振り返っておきましょう。２０１８年7月から8月にかけて、朝日新聞に対する申入れとそれに対する回答というやり取りを二回行いました。

そのなかで私たちは、〈comfort women〉の後ろに自動的に〈who were forced to provide sex to Japanese soldiers〉と続ける表現について、ケントさんのようなネイティブの英語話者からすれば「物理的に性行為を強制した」としか読めないものなので、事実に即した表現に変更すべきではないかと申入れました。しかし朝日新聞は様々な理由を付けて、この表現は妥当であり、申入れは受け入れない、と回答してきました。

私たちがこの英語表現を問題視しているのは、海外に広まった慰安婦「強制連行」や「性奴隷」という虚偽がいまも払拭《ふっしょく》されていないからにほかなりません。日本の国益が害されていることは言うまでもありませんが、在外邦人の方々は、自分たちの住むコミュニティで慰安婦像や碑が建つことで、日本人としての尊厳を傷つけられている。〝実害〟を被《こうむ》っているのです。

ケント　私の元にも、在外邦人から苦しい状況を訴えるメールや手紙がたくさん届いています。そのことは最初の申入れの際、朝日新聞幹部の方々にも重々申し上げたのですが、朝日の回答からは在外邦人に対する同情が全く感じられませんでした。

慰安婦訂正記事隠し

山岡　そのため、英語表現の変更だけでなく、「吉田証言が虚偽であり、記事を撤回した事実を改めて英文で告知してほしい」とも申入れました。

しかし私たちの申入れに、朝日新聞はこのように回答してきました。

〈朝日新聞が吉田清治氏の証言を虚偽と判断して記事を取り消したことについて、新聞紙面では２０１４年８月５日付朝刊の特集記事で伝えました。「朝日新聞デジタル」では現在も、下記のＵＲＬで紙面を掲示しています。(http://www.asahi.com/shimbun/3rd/2014080516.pdf)

英語版の紙面は現在発行していませんが、２０１４年８月５日付記事の英訳版は「朝日新聞デジタル」で２０１４年８月22日に掲載し、現在も下記のＵＲＬで全文閲覧できます。(https://www.asahi.com/articles/SDI201408213563.html)（以下略）〉

つまり、「サイトに英文の説明を載せているのだから、改めて告知する必要はない」というわけです。

ケント　朝日新聞が示した記事は、たしかに朝日の回答にあるＵＲＬを直接入力すれば表示されるので、ページが存在していたことは分かりました。しかし私がこの四年間、何度検索しても検索結果として表示されず、このページには結局、一度も辿《たど》りつけなかったのです。

そこで今回、当該記事の英文タイトル〈Testimony about 'forcible taking away of women on Jeju Island': Judged to be fabrication because supporting evidence not found〉（「済州島《チェジュ》で連行」証言　裏付け得られず虚偽と判断）そのものや、文中の文言《もんごん》をコピペして検索エンジンにかけてみたのですが、それでもまったくヒットしない。

なぜだろう、そんなことがあり得るのか、とＳＮＳやネット番組でかなりしつこくこのことを指摘したところ、複数のネットユーザーが該当ページのソースコード（プログラム言語で書かれたサイト等の「設計図」）を調べてくれた。そうしたら、とんでもないことが分かったのです。

Googleに検出させない

山岡　ケントさんがいくら検索しても出てこなかったのも当然で、なんと朝日新聞は、この当該ページが検索エンジンにヒットしないよう、〝検索回避用のメタタグ〟を記載していたのです。

メタタグとは、サイト内のあるページを表示した時に私たちが目にする「本文」とは別に、検索エンジンやSNSに対して、「指定したキーワードでこのページを検出してください」「SNSに引用する際には、この画像を一緒に表示してください」などというプログラム上の指示や命令を出す機能です。

サイトの本文を見ている通常の閲覧者の目に触れることはありませんが、ソースコードを表示すれば、プログラム向けにどのような指示や命令がなされているか、確認することができる。

ケントさんが「何度検索しても出てこない」と言っているのを不思議に思ったネットユーザーが当該ページのソースコードを確認したところ、当該英語記事に対して「検索回避」を示す〈meta name="robots" content="noindex, nofollow, noarchive"〉というタグを埋め込んでいたのです。

この三つの指示は、それぞれ当該記事にインデックスを付けない（noindex）、ページにあるリンク先に移動させない（nofollow）、検索エンジンデータベースへの保存を拒否（noarchive）、を意味します。

要するに、朝日新聞はこの「『済州島で連行』証言　裏付け得られず虚偽と判断」という、まさに吉田清治証言を虚偽と判断した記事の英訳を、Ｇｏｏｇｌｅなどの検索エンジンが見つけられないようにする命令を埋め込んでいたのです。この記事こそ、朝日新聞の慰安婦報道撤回の根幹をなす超重要な内容を記した英語記事であるにもかかわらず、です。

ケント　ここまでしておいて、朝日新聞広報部は「こちらのページに全文掲載してございます」なんて回答してきたんだから、人を馬鹿にした話じゃないですか。ＵＲＬを知らない限り、朝日新聞デジタル内を隅から隅まで調べなければこの記事には辿りつけないということでしょう。

私はプログラムには詳しくないけれど、こういうタグは様々なサイトでよく使われているのですか。

山岡　ウェブサイト上の記事は、一般的に多くの人に読まれることを期待して公開していま す。朝日新聞デジタルのように広告を設定している場合は、ページビューが増えれば広告収入も増える。そのため、通常はなるべく検索にヒットしやすいように工夫しています。これをSEO対策といいます。

ケント　Search Engine Optimization、つまり検索エンジン最適化ですね。

最重要記事は「検索回避」

山岡　はい。ところが朝日新聞は、この記事が検索にヒットしないようにする「逆SEO対策」をしていたことになる。つまり、「ページ自体は存在するけれど、この記事が埋もれ、多くの人の目に触れないようにする」指示が行われていたということです。

これは、広く公開はしたくないがネットでやり取りをしたい不法な取引を行うサイトや、URLを知っている人にだけ見てほしいページを使っている反社会勢力などが行っているという指摘があります。

ケント　朝日新聞のやり方は反社会勢力と同じですか（笑）。とんでもないな。

山岡　今回分かったのは、それだけではありません。この検索回避のメタタグを埋め込んでいた記事がもう一本あった。しかもその記事は、「吉田証言撤回」と同じくらい重要な〈Confusion with 'volunteer corps': Insufficient research at that time led to comfort women and volunteer corps seen as the same〉（挺身隊との混同　当時は研究が乏しく同一視）という英文記事です。

繰り返しますが、「吉田証言撤回」と「挺身隊との混同」について説明する記事は、慰安婦報道のなかでも根幹をなす最重要記事です。朝日新聞は２０１４年8月5日に紙面で「慰安婦報道検証」を行った際、11本の解説記事を掲載しています。そのすべてを英訳して「朝日新聞デジタル」上で公開していますが、この二本にのみ、検索回避のメタタグが仕込まれていた。

一方、朝日新聞が自らの主張を転回した「強制連行　自由を奪われた強制性あった」(Forcibly taken away: Coercion that led to lost freedom existed) などの記事には、検索回避のタグは書き込まれていなかった。

となると、これは朝日新聞が「英語圏の読者に読ませたい記事と、そうでない記事を区別していたのではないか」という疑いが濃厚です。

「作業漏れでした」

ケント　あまりに不自然ですよね。そこで私たちは8月22日に、改めて朝日新聞社に申入れを行いました。実際は四つの論点について申し入れていますが、ここでは今回のメタタグに関する質問に絞って取り上げたいと思います。

〈3．（「吉田証言撤回」と「挺身隊と慰安婦の混同」という）これらふたつの記事に「"noindex, nofollow, noarchive"」のタグを加えることに合理的根拠があるでしょうか？　あれば教えて下さい。

4．このような、読者の立場から見れば恣意的な操作は編集局の判断で行われるのでしょうか？　責任の所在をご教示ください。〉

山岡　この申し入れの回答期限を8月31日としていたのですが、メタタグ問題を重要視した夕刊フジ、産経新聞がそれよりも先に朝日新聞広報部に取材した回答を報じました。

産経新聞が報じた朝日の回答は、次のようなものでした。

〈朝日新聞広報部の回答「２０１４年8月22日に慰安婦関連の英語記事を複数本、デジタル編集部が配信しました。公開前に記事を最終確認するため、いったん社内のみで閲覧できる状態で配信し、確認を終えてから検索可能な状態にしました。その際、二本のタグ設定解除の作業が漏《も》れてしまいました。現在は修正してあります」〉

驚くべき回答です。朝日新聞社内のシステムでは、社内だけで閲覧できるプレビュー機能やテスト環境がなく、実際に公開状態にしなければ記事を確認できない、ということなのか。

通常は、素人が使っているブログなどでも、「公開時と同じ状態で確認ができる（けれど外部には公開されない）」状態でチェックできる機能が備わっている。しかし、天下の朝日新聞のデジタルサイトにはそのような機能がなく、検索回避タグを付けて本番と同じ公開状態にし、チェックしたあと、タグを外すという流れが常態化しているという。

しかもその作業において、「吉田証言撤回」「挺身隊との混同」という超重要記事二本のみ、実際の公開時に「作業漏れでタグを外し忘れた」と朝日新聞は回答しているのです。

二重三重の疑問

ケント　「テスト環境がない」うえに「朝日にとって都合の悪い二本の記事だけタグを外し忘れる」とはね。そんなことあり得るのかな？

山岡　通常考えられません。しかもこの間、さらに分かったことがあります。ひとつは、「吉田証言撤回」「挺身隊との混同」という二つの英訳記事を含む慰安婦問題の一連の英訳記事は、日本人が見る「朝日新聞デジタル」のサイト内で「コンテンツの言語・日本語」指定で公開されていました。

つまり、見かけ上は英文で書かれているけれど、プログラムはこのページを「日本語」と認識しており、そのため、英語圏からは非常にアクセスしづらいのです。

さらには、上記二本以外の、通常紙面にも掲載している「訂正とお詫び」記事にも検索回避のメタタグが入っていたことが分かった。

そこで私たちは朝日新聞からの回答が来る前の8月27日に、さらに追加質問を出しました。

ケント　実際の質問内容は四つあるのですが、ここでは朝日新聞のサイト構成に焦点を絞って取り上げます。

〈1．テストサイト用にメタタグを入力するということは、検索エンジンに探知され得る環境、すなわち、basic 認証されない外部に開かれた環境でテストしているという意味でしょうか？　社員専用のサイトでなぜメタタグが必要なのかご説明いただけますか？

2．これらの記事が日本語サイトで作成され、言語が日本語に指定されている理由は何でしょうか？　日本語サイトに設置され、言語とコンテンツが日本語指定されていれば、検索

エンジンの忌避を止めても、国外の読者がアプローチすることが困難です。なぜ英語サイトに移さないのかご説明ください〉

山岡　対する朝日の回答が、これまた驚くべきものでした。

まず、8月22日申入れ分の〈3．ふたつの記事だけに「"noindex, nofollow, noarchive"」のタグを加えた合理的根拠とは？　4．このような操作を行った責任の所在は？〉について、朝日はこう回答しました。

〈2014年8月22日に慰安婦問題に関する英文記事を複数配信しました。その際、記事に検索回避タグを設定し、社内の確認作業を経たのちにこのタグを解除して一般公開しました。このうち見出しが長いことから別のシステムを使って作業していた2本で、一般公開はしたものの、検索回避タグの設定解除作業の漏れがあったことが分かり、修正いたしました。（中略）

・配信した記事をまとめた特集ページは、検索結果で表示されます。（ご参考「特集ページ」：http://www.asahi.com/topics/ianfumondaiwokangaeru/en/）

・本社の英語サイト「The Asahi Shimbun | Asia & Japan Watch」に、上記ページへのリンクを設けてあります。（ご参考「特集ページ」：http://www.asahi.com/ajw/inhouse_news/）〉

ケント　「回避タグ設定解除の作業漏れ」……。ここはほとんど産経新聞に対する回答と一緒ですね。

朝日の説明に新たな疑問

山岡　まず、この「作業漏れ」という説明が本当なのかどうか、さらにチェックしました。ウェブ上には、過去のどの時点でどのようなソースコードでどんなページが公開されていたかを調べられるアーカイブサービス（Wayback Machine）があります。

そのサービスを使って調査したところ、「挺身隊との混同」の英字記事は、現時点（2018年9月1日）ではたしかに検索回避のメタタグは外されています。遡《さかのぼ》って2014年8月22日の公開日のアーカイブを見てみると、メタタグが入っている。しかし現時点のソースコードには、公開当時にはなかった「Ｇｏｏｇｌｅに検出される期限」を2100年に設定するタグが埋め込まれていました。

次に、同じ「挺身隊との混同」の日本語記事のページをチェックしてみました。2014年8月5日の公開時のソースコードには、問題の検索回避のメタタグも、Ｇｏｏｇｌｅ検出期限のタグもない。ところが現時点（2018年9月1日）のソースコードを見ると、なんと検索回避のメタタグがあとから追加されているのです。

ケント　え？　では「『挺身隊』との混同　当時は研究が乏しく同一視」というタイトルをGoogle検索にかけてもヒットしなかった？

山岡　そうです。しかもこの記事に関しては、公開当時はなかったタグがあとから追加されている。となると、朝日新聞が英語記事について説明した「すべての記事にテスト的にメタタグを入れているが、問題の記事だけ取り忘れた」という説明がきわめて怪しくなってくる。

このことは産経新聞が9月9日付で記事にしており、朝日新聞広報部は産経新聞の取材にこう説明しています。

〈8月23日に英語版のタグについて産経新聞の取材を受けた際、日本語版の記事についても確認作業をした。その際に配信システムの操作を誤り、記事の設定が変わっていたことが分かった〉

ケント　また作業ミス？　もういい加減にしてよ。

あとから追加した痕跡が

山岡　公開時に消し忘れていたものが残っていた、というのが先の2本の記事における検索回避タグに関する朝日の説明でした。ところが今回は、「（今年）８月23日に確認作業をした際、配信システムの操作を誤って加えてしまった」という。

先のアーカイブによると、このタグは２０１７年９月10日以降に追加されたことが確認できました。

しかも、この記事にはもう一つ、指示が追加されていた。当初なかったはずのＧｏｏｇｌｅ検出期限タグです。なんとその指定は２０１９年４月30日、つまり「平成最後の日」にセットされているのです。朝日新聞は、まさに平成の終わりとともにこの重要な記事をＧｏｏｇｌｅ検索から除外する設定をしていたのです。

これについて朝日は、〈朝日デジタルの記事の大半は一定期間を過ぎると公開されなくなる。慰安婦問題の記事は長期の公開が必要と考え、２０１６年４月に仮の設定として公開期限を２０１９年までとした〉と答えています。

ケント　「仮の設定」というならその後、いつまで公開期限を延ばすのか、今後もチェックする必要がありますね。

山岡　８月27日申入れ分に対する回答も同時に得ているので、一つずつ見ていきましょう。

まず〈テストサイト用にメタタグを入力するということは、外部に開かれた環境でテストしているという意味か〉という質問に対する朝日の回答です。

〈朝日新聞デジタルの配信システムにはテスト環境がないため、公開時と同様の状態で確認する必要がある場合、社外サイトから検索しても表示されないタグをつけて実際に外部に配信して確認しています〉

ケント　本当かよー。私たちをバカにしてるんじゃないの。どうせ確かめようもないだろうって。テスト環境がないウェブサイトってあるの?

山岡　ちょっと信じがたいんですが、これが朝日新聞の回答なんです。

朝日新聞は、プログラム言語を知らなくてもウェブページを更新できるCMS（コンテンツ管理サービス）を自社開発しており、携帯向けCMSの外部への販売も09年から行っている。そこにテスト環境が搭載されていないとは考え難い。素人が聞いても「そんなわけないだろう」という回答を朝日新聞自らしていることになります。

ケント　朝日の一連の回答は、今後、朝日の慰安婦報道に対する姿勢を分析するうえでの重要な一次資料になります。

「社内ニュース」欄に……

山岡　次の質問、〈記事が日本語サイトで作成され、言語が日本語指定されている理由と、なぜ英語サイトに移さないのか〉については、こう答えています。

〈（記事公開）当日は日本語版と掲載サイトを一元化するために（日本語環境の）朝日新聞デジタルで作業し、朝日新聞社の英語サイト「The Asahi Shimbun｜Asia & Japan Watch（AJW）」からは朝日新聞デジタルで配信した英語記事のまとめページにリンクを張りました。

その後はＡＪＷでも慰安婦関連の英語記事を配信し、英語版のまとめページを作成しています（http://www.asahi.com/ajw/inhouse_news/）。ご指摘の日本語サイト内のページへのリンクも張っています。またAJWのトップページには、２０１４年からこのまとめページへのリンクを張っています〉

たしかに、「The Asahi Shimbun｜Asia & Japan Watch（AJW）」というサイトは「コンテンツ言語・英語」と指定されてはいます。しかしそこに貼られているリンクは目立たないし、ページ名はＵＲＬにあるとおり〈In-house News and Messages〉（社内ニュース＆メッセージ）……。ケントさん、これどう思いますか。

ケント　「社内ニュース＆メッセージ」って言ったら、普通は人事異動とか健康診断のお知らせ、社員食堂の営業時間変更の告知なんかが載っているページを連想しますよ（笑）。ここに「慰安婦に関する記事が掲載されている」と判断できる人が、全世界にどれくらいいるんですかね。慰安婦報道に関する訂正・検証は、朝日にとっては「社内ニュース」なの？

山岡　ステルス掲載というか、誰も見つけられませんよね（笑）。ここまで来ると、「絶対に読ませたくない」という朝日新聞の意志を感じます。

ケント　どうしようもない新聞だな。

最重要記事「だけ」が

山岡　このリンクをクリックすると、〈このページには、朝日新聞の発表と、「慰安婦」問題と「吉田証言」など、朝日が撤回した記事などが掲載されています〉という英語の説明文が出てきます。

その下には、まずは朝日新聞が調査を依頼した第三者委員会の調査報告へのリンクや、これも朝日新聞による第三者組織である報道・人権委員会の見解などが並んでいます。その最後の最後に、朝日が言う〈日本語サイト内のページへのリンク〉がある。その名も〈Thinking about the comfort women issue〉。

ケント　「慰安婦問題について考える」、ねぇ……。しかもそこをクリックすると、日本語サイトに飛んじゃうんでしょ？

山岡　はい。そしてそのリンク先で真っ先に大きな見出しで掲載されているのは、2014年8月5日の朝日新聞一面に掲載された、編集担当・杉浦信之氏の〈慰安婦問題の本質　直視を〉という記事の英訳。この記事は掲載当時も、「議論をすり替えている」「責任転嫁している」「当事者意識がない」「本質を直視していないのは朝日のほうだ」などと散々批判された、言い訳めいた文章です。

　まずこれを読まないと、朝日新聞の慰安婦報道について知ることはできない。その言い訳の洗礼が終わっても〈「慰安婦」問題の核心は変わらない〉とする弁解記事が続き、肝心の「吉田証言撤回」と「挺身隊記事」はそのあとに、さらに小さな文字でリンクが表示されています。

ケント　むしろ大事なのはその二本でしょ。他の記事はいいから、その二本の記事だけ掲載すればいいのに。

山岡　おっしゃるとおりで、朝日新聞は「弁解」や「解釈」以前に、まずはファクトとして「吉田証言は虚偽だった」「挺身隊と慰安婦を混同していた」ことを国際社会に広めなければならない。しかしそれらの記事は日本語サイトに掲載し、しかも検索を回避するタグをこの二本にだけ仕込んでいた。これを単なる「作業漏れ」という説明で済ませられるはずがない。

ケント　その二本の記事を選んで検索回避していたと思われても仕方ないですよね。

「回答は以上です」

山岡　実は8月27日の申入れには、質問ではないものの、かなり長文で朝日新聞に対するメッセージを盛り込みました。

〈今回の「検索回避メタタグ」の挿入が、恣意的《しいてき》なものであれ、御社が主張するように偶発的なものであれ、極めて重要な記事を4年間に亘って検索不能な状況に放置した事実は変わりません。（中略）現状に鑑《かんが》みれば、なぜそのような事態が発生したのか、責任者は誰なのかを明らかにし、再発防止策を示したうえで公式に謝罪するのが社会通念上の常識ではないでしょうか？〉

〈今後どのようなアクションを取る予定かお知らせ下さい〉

すると、朝日新聞からの回答は末尾でこの件にもコメントし、こう締めくくっています。

〈今後も必要に応じ、ご説明いたします。回答は以上です。よろしくお願いいたします。

草々〉

ケント　……何なんだこれは。ちょっと私、血圧が上がってきましたよ。

山岡　「必要に応じて説明する」というけれど、説明が必要なのはまさに今ですよ。

ケント　今回の朝日新聞の英語記事の「工作」を知ってよく分かりました。どうりで外国のメディアがまだ間違った報道しているわけですよ。

朝日新聞が自ら、国際社会に向けて堂々と「過去の報道は間違っていました。すべて忘れて、正しい認識に頭を切り替えてください」と強く宣伝しない限り、国際社会や海外メディアには伝わらない。

山岡　「検索回避メタタグ」問題はテクニカルな話題ではありますが、問われているのは「朝日新聞が大手新聞社としての社会的責任を果たしているかどうか」です。

８月18日付朝日新聞夕刊の「素粒子」がこう書いています。

〈報道は「権力の敵」ではあっても、「国民の敵」ではない。だからこそ、権力は報道と国民の対立をあおる。国民の知る権利を嫌うがために〉

しかし、朝日新聞が国民の知る権利に十分応えていないことは明らかです。

ケント　朝日新聞に対する英語表現に対する申入れは、私と山岡さんという、何のバックもない、まったくの一個人による指摘でした。私は外国人だし、山岡さんも海外在住歴が長かった。朝日は私たちの申入れを無視してもよかったんですよ。でも、それができなかったのはネットがあるから。私たちの真摯《しんし》な申入れを無視したとなれば、その事実が拡散してしまう。

山岡　最初の申入れ時には、ネットも使って集めた署名一万筆を持っていきましたからね。さすがに「国民の声」を無視するわけにはいかなかったのでしょう。

天網恢恢《てんもうかいかい》疎《そ》にして漏らさず

ケント　それでその場しのぎの回答を出して沈静化を図ったんだけれど、回答が穴だらけでいろんな角度からツッコミが入り、検索回避タグの問題まで明るみに出てしまった。

山岡　これを見つけたのもネットユーザーです。これまでも朝日新聞批判や評論は半世紀近くにもわたって行われてきましたが、今回は朝日の問題をより広く、多くの国民と共有するために、国民参加型を謳《うた》って署名を集め、ケントさんの疑問の原因を一般の皆さんが突き止めようとした過程で、「検索回避タグ」が発見されたのです。

ケント　画期的な出来事でした。ミスであれ故意であれ、我々が言わないと直さないんだから、問題点を指摘し続けるしかないですね。

山岡　朝日新聞のサイトの問題は、「検索回避タグ」以外にも、日々多くの疑惑がネットを中心に指摘され続けていて、検証が追い付かないほどです。まさに「天網恢恢疎にして漏らさず」。ネット時代にはすべてのアーカイブがどこかに存在しており、削除しても消えない。ネットという「網」の目が、朝日の行いを日々監視し、問題点を掬《すく》い上げています。

朝日新聞はこういった状況にあることをいまだに理解せず、その場しのぎの回答を繰り返している。これでは「国民の敵」、パブリック・エネミーと呼ばれても仕方ない。朝日新聞社員の皆さんも、もう少し「国民からどう見られているか」、自覚されたほうがいいと思います。

コラム「メタタグ問題追及ラストマイル」(山岡鉄秀)

朝日の支離滅裂な言い訳

朝日新聞による英語での「慰安婦強制」印象操作中止を求めて、朝日新聞と対話を始めてから3カ月が経過した。

途中からネット民が加わり、朝日新聞が慰安婦虚報の核心記事をネットで検索できないようにしていたことが発覚、朝日新聞が長年にわたって国民の知らないところで続けてきた操作が芋づる式に明らかになった。

まったく弁明のしようもない背信行為で、ネット上にも論壇誌にも「朝日新聞は国民の敵」という言葉があふれかえった。

朝日新聞の回答はその場しのぎの拙劣《せつれつ》な言い訳に終始し、これ以上の追及は無駄に思えた。更生する期待は持てない。しかし、もう一歩追及することにした。

さすがに「検索回避のメタタグ」は削除したものの、英訳記事をわざわざ日本語サイトに置き、元の日本語記事は２０１９年４月30日、すなわち、平成の世の終わりと共に消えるように期限を設定したままだ。英訳記事は英語サイトに置くのが当たり前だし、公開期限をそのような直近に設定すべきではないことは自明の理だ。さらに、なんと慰安婦と女子挺身隊の混同を認める日本語記事にこれまでなかったメタタグが新たに挿入されていることが発覚した。

朝日新聞はこちらの修正要求を拒否し続けるだろうが、どのように言い訳するのか、それがどんなに支離滅裂《しりめつれつ》でも、彼ら自身の言葉で記録に残す、そのことが重要なのだ。

我々は９月12日付で「検索回避メタタグ問題を受けての各種申し入れ」と題する書簡を朝日新聞に送った（全文は巻末資料参照）。概要は次の通りである。

ずさんな管理運営

〈「検索回避メタタグ問題を受けての各種申し入れ」

日本語の「慰安婦と挺身隊の混同記事」中に検索回避のメタタグが存在していたことについて、産経新聞９月９日付の記事が伝える御社の釈明を読んで非常に驚きました。

「８月23日に英語版のタグについて産経新聞の取材を受けた際、日本語版の記事についても

確認作業をした。その際に配信システムの操作を誤り、記事の設定が変わっていたことが分かった」（記事より引用）

英語記事中のメタタグの存在は配信時の削除漏《も》れで、今回は指摘を受けたメタタグの削除作業の流れで誤って日本語記事にメタタグを挿入してしまったという意味でしょうか。全く現実味がなく、もしその通りだとしたら非常にずさんな管理運営をされていることになります。

該当記事のソースページに表示される改定日時を確認すると、指摘を受けたふたつの英語訳記事の検索回避メタタグを削除するより前に、日本語版記事にメタタグを挿入していたように見受けられます。

御社の説明にもありましたとおり、メタタグの挿入は意図的に行われるものであり、削除する前に別の記事に新たに挿入する作業は明らかに人為的なものです。

また、２０１４年８月５日に公開された慰安婦関連記事の英訳記事が、日本語環境（朝日新聞デジタル）で日本語として定義されて作成されていることについて、英語環境であるThe Asahi Shimbunのサイトに慰安婦関連記事のポータルページのようなものをつくり、そこから日本語サイトにリンクを張ったとのご説明を頂きました。

これについて実際のサイトおよびリンクを確認して大変驚きました。以下、解説させてい

ただくとともに、当方からの要望を申し述べます〉

奥の奥に隠された情報

〈まず、英語サイトのThe Asahi Shimbunトップページからそのポータルページへのリンクは、ずっと下の方の右端に存在し、かつ、In-house news and messagesと名付けられています。これを直訳すれば「社内ニュースとメッセージ」であり、社員向けの連絡欄と思われてしまう。「健康診断のお知らせ」が書いてあっても驚かず、誰も慰安婦報道関連だとは想像もできないでしょう。

万が一、御社の社内ニュースに興味を持った読者がここをクリックすると、慰安婦関連記事を集めたポータルがありますが、さらに一番下にあるリンクをクリックして朝日新聞デジタルの日本語サイトに飛ばないと、今回隠されていた誤報の核心記事に辿り着けません。これではアリバイのためにポータルを作成したとのそしりを免れないでしょう。

そしてリンク先の日本語サイトで最初に出てくるのは杉浦信之氏による社説と御社主張を書いた記事「慰安婦問題の本質は変わらない」です。

ここまで来ても、誤報の核心を伝える、ふたつの記事に辿り着くにはスクロールダウンして下部にあるリンクを探さなくてはなりません。さらに検索回避のメタタグが挿入されていたのですから、奥の奥に隠されていたことになります。

ご存じのように、朝日新聞第三者委員会は次のことを明確に述べています。

・１９９７年の慰安婦報道検証時に撤回と謝罪をしなかったのは致命的なミスであった。
・２０１４年の撤回は遅きに失したうえ、なぜここまで遅れたかの検証がない不十分なもの。
・「強制性」について「狭義の強制性」に限定する考え方を他人事のように批判し、河野談話に依拠して「広義の強制性」の存在を強調する論調は、のちの批判にもあるとおり、「議論のすりかえ」である。

また、２０１４年12月26日、第三者委員会の報告を受けた渡辺雅隆社長は次のように語っています。

「慰安婦報道について朝日新聞は、97年と14年の二度、検証記事を掲載しましたが、いずれも誤りを率直に認めて謝罪し、わかりやすく説明する姿勢に欠けていました。読者の皆さまに向き合う姿勢をおろそかにし、批判に対して自社の立場を弁護する内向きの姿勢に陥《おちい》ってしまったことを深く反省しています。社会に役立つメディアとして再び信頼していただけるよう改革に取り組みます」

「慰安婦報道につきましては、（先ほど西村取締役からも申し上げましたように）私たちは慰安婦報道の実相を伝えるべく、これからもチームを作ってしっかりと報道していくつもりでございますので、それを英文もしくはその他言語も含めて発信していくことで、海外への理解を深めていければなあと思っております」（『ＴＨＥＭＩＳ』２０１８年９月号）〉

朝日への5つの要求

〈上記に鑑《かんが》みて、御社の一連の行為は、検索逃れの設定が故意であるか過失であるかに拘《かか》わらず、第三者委員会の提言や渡辺社長の発言に著《いちじる》しく逆行するものだと言わざるを得ないでしょう。そこで私たちは、下記事項の迅速な実行を御社に対し要求いたします。

１．下記のふたつの（日本語）記事に関しては公開期限設定を解除し、無期限の公開とする。

「済州《チエジユ》島で連行」証言　裏付け得られず虚偽と判断

「挺身隊」との混同　当時は研究が乏しく同一視

2．「社内情報とメッセージ」を「撤回された記事（Retracted Articles）」に変更する。

3．下記ふたつの記事に関しては設定を（言語＝英語、コンテンツ＝英語）に変更し、英語環境（AJW）に移して、前述の「撤回された記事」の下に直接リストする。

"Testimony about 'forcible taking away of women on Jeju Island"（済州島連行虚偽と判断）

"Confusion with 'volunteer corps'"（慰安婦と挺身隊混同）

4．狭義の強制を示唆する"forced to provide sex"の表現の使用を中止する。今後慰安婦の説明的表現を追加するなら、comfort women who worked in brothels regulated by the military authoritiesなどの表現を使用すること。

5．2014年の第三者委員会の提言や渡辺社長の発言にも拘らず、誤報の核心記事を撤回以来一貫して検索不能にしていた責任を認め、公式に記者会見を開いて謝罪する。

新聞社であれば、誤報があれば即座に撤回して謝罪し、幅広く告知することが信頼を保つための重要な危機管理であることは申し上げるまでもありません。第三者委員会の報告書によれば、すでに遅きに失した２０１４年の再検証時でさえ、当初木村伊量《ただかず》社長らの意向で謝罪を拒否したとあります。今回のメタタグ問題にしても、あたかも現場担当者に責任を押し付けるような言説はいかがなものでしょうか。コーポレートガバナンスの観点から、組織として、〈企業としての責任を認識し、社会に表明することが不可欠だと考えます。以上、９月17日までのご回答をお願い致します〉

非を認めて謝罪……？

これに対して、朝日新聞から下記の回答が戻ってきた。

〈２０１８年９月18日

９月12日付でいただいた「検索回避メタタグ問題を受けての各種申し入れ」にお答えいたします。

1、【《「済州島で連行」と証言　裏付け得られず虚偽と判断》《「挺身隊」との混同　当時は研究が乏しく同一視》の二つの記事について公開期限設定を解除し、無期限の公開とする】とのお求めについて

【回答】当該記事につきましては、現時点で公開やこの先の延長をやめる考えはありません。

朝日新聞デジタルの配信システムはそもそも、無期限で公開しておく設定ができません。一定期間を超えても消えないように保存（公開）を続ける場合は、新たに次の公開期限を指定する仕様です。

2、【In-house News and Messages を Retracted Articles（撤回された記事）に変更する】とのお求めについて

【回答】In-house News and Messages は、朝日新聞社に関わるニュースとお知らせという意味合いです。ページ構成上もご提案の見出しがふさわしいとは考えられず、ご要望には沿いかねます。

3、【Testimony about 'forcible taking away of women on Jeju Island'済州島連行虚偽と判断】【Confusion with 'volunteer corps'慰安婦と挺身隊混同】の二つの記事の設定を英語に変更し、ＡＪＷに移して「撤回された記事」の下にリストする」とのお求めについて

【回答】ご指摘の記事2本を含む特集紙面を日本語・英語で対照しやすい形でお示しするため、朝日新聞デジタル（日本語版）で掲載しております。http://www.asahi.com/topics/ianfumondaiwokangaerul（日本語）http://www.asahi.com/topics/ianfurmondaiwokangaerulend（英語）

４、【"forced to provide sex"の表現を中止し、"comfort women who worked in brothels regulated by the military authorities"などの表現を使用する】とのお求めについて

【回答】同じ内容のお申し越しについて、７月23日付の回答でお答えした通りです。弊社コーポレートサイトに掲載しています。https://www.asahi.com/corporate/info/11699916

５、【２０１４年の第三者委員会の提言や渡辺社長の提言にもかかわらず、誤報の核心記事を撤回以来一貫して検索不能にしていた責任を認め、公式に記者会見を開いて謝罪する】とのお求めについて

【回答】朝日新聞が吉田清治氏の証言を虚偽と判断して記事を取り消したこと等については新聞紙面で２０１４年８月５日付朝刊の特集記事で伝え、現在も朝日新関デジタルで紙面を掲示しています。英訳版は「朝日新聞デジタル」で２０１４年８月22日に掲載し、その後も一貫して全文閲覧できる状態を保ってまいりました。(https://www.asahi, com/articles/SDI201408213563.html)

ただ、これらの編集作業の過程でメタタグの設定にミスがあり、弊社サイトからではなく一般の検索エンジンから記事を閲読しようとした場合に、検索結果が表示されない設定にな

っていたことは、ご指摘を受けて初めて気づき、ただちに修正いたしました。さらにその際、本来タグがついていなかった日本語記事の設定も誤るというミスを重ねてしまい、たびたびご指摘を受けたことについては誠に申し訳なく思っております。謝罪会見等を開く予定はございませんが、経緯は弊社コーポレートサイト等で説明させていただきました。再発防止などの対応につきましては、今後も検討を続けて参ります。

回答は以上です。よろしくお願いいたします〉

ある雑誌の編集者から、「たとえ僅かでもあの朝日が非を認めて謝罪したんだから、それは大きなことだ」と言われたが、私自身は大手新聞社がなぜこれほど、その場しのぎにもならない稚拙《ちせつ》な回答をしてくるのかと驚き呆れ、しばらく何もする気にならなかった。

公開期限への疑問

二週間が過ぎたところで気を取り直した。今回の目的は、朝日新聞自らの言葉で自らの姿を映し出すことである。朝日新聞がいかような回答をしようとも、それは永遠に一次資料として残る。それならば、とことん問い詰めなくてはならない。

私は気力を振り絞って、おそらくは今回の応酬で最後となる書簡をドラフトした。質問はふたつだけに絞った。

〈2018年9月28日

9月18日付でいただいたご回答についてコメントさせて頂きます。

『「済州島で連行」と証言　裏付け得られず虚偽と判断』『「挺身隊」との混同　当時は研究が乏しく同一視』の二つの記事について、公開期限の延長をやめる考えはないが、御社の配信システムはそもそも、無期限で公開しておく設定ができず、一定期間を超えても消えないように保存（公開）を続ける場合は、新たに次の公開期限を指定する仕様とのご回答を頂きました。

私共の調査によれば、既に御社がお認めになっておられるように、少なくとも『「挺身隊」との混同　当時は研究が乏しく同一視』（日本語版）に関しましては、2014年8月5日の公開時点ではそもそも公開期限が設定されていませんでした。公開期限を設定しないことができないCMSをご使用とは思えませんが、英訳版は公開期限を2100年12月1日としているのですから、なぜ日本語オリジナル版もそれに合わせないのでしょうか？　公開期限を延長するのに2019年4月30日を待つ必要はないはずです。

In-house News and Messagesは朝日新聞社に関わるニュースとお知らせという意味合いとのことですが、辞書にありますように、in-house とは、within an organization、つまり組織内部によって行われたこと、あるいは組織内に存在するものという意味でありまして、In-house News and Messagesと書いて、「朝日新聞に関わるニュースとお知らせ」ましてや「撤回した記事について」だと解釈することはあり得ません。

これはケント・ギルバートという一英語ネイティブスピーカーによる指摘に留まらない常識でございますから、なぜ御社が常に英語の独自解釈を強弁されるのか理解に苦しむところです〉

英訳記事は英語サイトに

〈ふたつの英訳記事『“Testimony about 'forcible taking away of women on Jeju Island'（済州島連行虚偽と判断）”“Confusion with 'volunteer corps'（慰安婦と挺身隊混同）”』に関しては設定を（言語＝英語、コンテンツ＝英語）に変更し、英語環境（ＡＪＷ）に移すという申し入れに対する御社の回答「日本語・英語で対照しやすい形でお示しするため、朝日新聞デジタル（日本語版）で掲載しております」は意味不明です。

英訳記事は英語圏の読者が読めるようにするのが当然で、誰のためになぜ日本語記事と対比させて日本語サイトに配置する必要があるのでしょうか？　明確にお答えください。

御社回答「朝日新聞が吉田清治氏の証言を虚偽と判断して記事を取り消したこと等については新聞紙面で２０１４年８月５日付朝刊の特集記事で伝え、現在も朝日新聞デジタルで紙面を提示しています。英語版は「朝日新聞デジタル」で２０１４年８月22日に掲載し、その後も一貫して全文閲覧できる状態を保ってまいりました」について、御社自身が認めているとおり、当該英訳記事においては、検索回避のメタタグ等の存在、また、日本語記事として日本語サイトに置かれているなどの理由により検索できなかったという事実に鑑《かんが》みれば、「一貫して全文閲覧できる状態を保ってきた」とは言い難いはずです。そのような状態で公開されていたとは言えません。

また、「ただ、これらの編集作業の過程でメタタグの設定にミスがあり、弊社サイトからではなく一般の検索エンジンから記事を閲読しようとした場合に、検索結果が表示されない設定になっていたことは、ご指摘を受けて初めて気づき、ただちに修正いたしました」とありますが、なぜこの段階でまだ事実誤認をするのか理解に苦しみます。

８月22日付の質問書で指摘させて頂きました通り、「ふたつの核心記事に関しては、グー

グルなどの一般検索エンジンのみならず、御社のサイト内検索でも検索不能だったのです。（日、英サイトとも）

私共はこれまで、御社を批判することよりも、現実に存在する問題を解決することを目的にこちらの論点をできるだけ丁寧に分かり易く示してきたつもりですが、御社の「英語表記に関して独自の解釈を強弁し常識的な指摘を拒否する」姿勢と、私共への回答の中でさえ事実誤認をする態度には驚きを禁じえません。

ただし、率直な意見交換ができたことは有意義であったと確信しております。考え方が違っても、言論をもって公明正大に議論するのが民主主義の大原則だと信ずるからです。

お手数ですが、前述いたしました下記のふたつの質問にはお答え頂けますようお願い申し上げます。

1．英訳版は公開期限を２１００年12月１日としているのですから、なぜ日本語オリジナル版もそれに合わせないのでしょうか？

2．英訳記事は英語圏の読者が読めるようにするのが当然で、誰のためになぜ日本語記事と対比させて日本語サイトに配置する必要があるのでしょうか？

10月5日までにご回答頂けますと幸いです〉

常識的な要求も呑めない

　そして、朝日新聞から以下の回答があった。繰り返すが、それがいかなる回答であろうとも、朝日新聞社広報部が出した正式な回答だ。

〈２０１８年10月５日
　９月28日付でいただいたご質問にお答えいたします。
１、日本語記事の公開期限について
【回答】システムの性質上、無期限と定められないので、期限がきたらそのたびに延長していく所存です。英語版と日本語版の期限を合わせることについては、よりよい掲載のあり方を検討します。
２、英訳記事の配置について
【回答】記事公開当時の英語サイトの技術的な制約によって日本語サイトに掲載しました。ただし、英語サイトには日本語サイトの当該ページへの誘導となるバナーを置くことで、ユーザーにご覧いただけるようにいたしました。今後もユーザーのみなさまのご意見を参考に、

よりよい掲載のあり方を検討いたします〉

もはや答えにも説明にもなっていない。まともに答える術《すべ》があるわけもないのだが、ここまでボロボロになっても、どんなに常識的な要求であろうとも呑めない状況なのだろう。山岡やケントが言うことをひとつでも認めたら、コアな朝日読者の逆鱗《げきりん》に触れ、会社が潰れてしまうと考えているのかもしれない。

ここで、2018年7月から丸3カ月間続いた朝日新聞との応酬を、一覧表にまとめて振り返ってみよう。

「朝日新聞が変わるかもしれないと、性善説で考えるなんて悪い癖だよ」とケントさんに言われた。しかし、私が朝日新聞は少しは変わるかもしれないと考えたのは、性善説ではなく、朝日新聞にとって我々の極めて常識的な要求を拒否し続けることは自殺行為であり、少しずつでも軌道修正することが合理的判断のはずと考えたからだ。

しかしどうやら私の予測は外れ、朝日新聞はどんなに無残な姿を晒《さら》しても、我々を拒否せざるを得なかったようだ。

朝日への質問と要望	朝日からの回答
Forced to provide sexという表現を止めよ	拒否。河野談話も強制と言っている
Forced to provide sexで何を意味しているのか？	意思に反して性行為をさせられたという意味
性行為を強制したのは誰か？	無回答
人権を考慮して適切な表現を考えるというが、誰の人権か？	無回答。次の回答から「人権」という言葉を削除
記事を撤回した事実を世界に告知すべき	英訳記事を公開している（検索回避メタタグ入り）
なぜ検索回避メタタグを入れているのか？	公開前検証時の作業漏れ
なぜ日本語記事に後からメタタグを入れたのか？	指摘されたメタタグを削除する作業中のミス
なぜ英訳記事を日本語サイトに置いているのか？	日英記事を対照しやすくするため。英語サイトにバナーを作ってリンクを張った（in-house information）
誰の為に対照する必要があるのか？	無回答
In-house informationは社内情報という意味だが？	違う。朝日新聞に関するニュースという意味だ
なぜ日本語記事の公開期限が2019年4月30日なのか？	前回改定時にそう入れておいた
なぜ日本語記事の公開期限を無期限にするか、あるいは英語記事の2100年12月1日に合わせないのか？	システム上、無期限にすることはできず、期限が来たら延長する
記者会見を開いてメタタグ問題について公式に謝罪すべきでは？	読者へのお知らせコーナーで説明しておいた

朝日新聞究極の回答――議論を拒絶した報道機関

それは仮想連帯（バーチャルアライアンス）と呼ぶべきものだろう。焦点が朝日新聞の検索回避タグ問題に移ってから、我々と日本全国に散らばっているネット民の間に共闘のネットワークが構築された。彼（女）らがどこの誰なのか、それはわからないし、調べる必要もない。ひょっとしたらすぐ隣に住んでいるのかもしれないし、どこかの離島にいるのかもしれない。本名も顔も所在もわからない彼（女）らの協力によって、我々は突如として我々が持たないスキルセットを手に入れることになった。その結果、大新聞社 対 個人から、オールドメディアを象徴する大新聞社 対 ニューメディアを象徴する仮想連帯チームという構図となった。

朝日新聞から返ってくる支離滅裂な回答を見ながら「もうこれ以上何も出てこないだろうから、追及を停止して、出版の準備に専念しよう」と思った矢先に、仮想連帯チームのひとりから私に連絡が入った。仮にAさんと呼ぼう。彼はなんと、図書館で朝日新聞の有料データベースにアクセスして、詳細な解析を行った結果、新たな論点を発見したのだ。あまりにも明確でかつ重要な論点だったので、私はそれらをまとめて、今度こそ最後の書簡を朝日新

聞に送ることにした（全文は巻末資料〈追加要望書〉に掲載）。彼の論点は次の三つだった。まず、

１．検索回避タグは削除されたにも拘わらず、慰安婦関連の問題記事は依然として朝日新聞サイト内における検索では検出できない。

どういうことか？「吉田清治の済州島における慰安婦強制連行証言虚偽認定」や「挺身隊と慰安婦の混同」などの記事は、日英ともに、検索回避タグが削除されたので、グーグルなどの検索エンジンで検索できるようになった。そうであれば、朝日新聞サイト（日英共）内における検索でも当然検出できると思ってしまう。ところが、インターネットの朝日新聞デジタルやThe Asahi Shimbunのサイトに行って、サイト内でサーチをかけても、これらの記事はヒットせず、該当なしと出てしまうのだ。私も完全に油断していた。

Ａさんの調査によればこういうことだ。通常、朝日のオンライン記事は1年を経過するとネット上から削除される。しかし、記事によっては何らかの理由で、１年を超えても公開が継続することがある。その判断基準は不明なのだが、慰安婦関連記事以外にも、１年を超え

て公開されている記事もある。しかし、たとえネット上で公開されていても、1年を経過した時点で、朝日新聞サイト内の検索には引っかからないシステムになっているようなのだ。

すると、問題の慰安婦関連記事、「吉田清治の済州島における慰安婦強制連行証言虚偽認定」や「挺身隊と慰安婦の混同」は、朝日新聞サイト内では元々検索できなかったうえに、さらに外部からの検索は検索回避タグでブロックしていた、ということになる。厳重に都合の悪い記事を隠していたわけで、驚くべき念の入れ方だ。我々は朝日新聞に対してこのことを指摘し、公開中の記事は当然自社サイト内で検索できるようにすべきだと主張した。

2. 朝日新聞の有料データベースでは、慰安婦関連記事の英訳は英語記事として収録されていた。

2014年8月5日に配信された日本語記事の英訳版が「朝日新聞デジタル日本語サイトに日本語記事として掲載されている」ことについて、我々は再三、英訳記事は英語サイトに移すように要請してきた。しかし朝日新聞は「日本語記事と対照しやすくする配慮」とか「当時は技術的に分けられなかった」などという説明を繰り返して、我々の要求を拒否してきた。

ところがＡさんが図書館で、有料の朝日新聞オンラインデータベースにアクセスして検証すると、問題の英訳記事はすべてしっかり英語記事のカテゴリーに収められていた。何のことはない。世界中の一般人が無料でアクセスする英語サイトには絶対に載せないが、高価で限られた人数が限られた目的でしかアクセスしないデータベースでは、普通に英語記事としてリストされていたわけだ。朝日新聞の本音がよくわかる。我々はこの点も指摘することにした。

３．河野談話の切り貼り

Ａさんはさらに、朝日新聞が河野談話を都合よく切り貼りしていることも指摘してきた。これまで再三問題にしてきたように、朝日新聞は「慰安婦の多くは日本の植民地だった朝鮮半島出身だった」と英語記事に繰り返し書いて、あたかも慰安婦の大半は朝鮮人で、植民地から強制的に連れてこられた、という印象操作を行ってきた。こちらが強制の根拠を求めると、相も変わらず河野談話を示してきた。

ところが、河野談話をよく読むと、「慰安婦の出身地については、日本を別とすれば、朝鮮半島が大きな比重を占めていた」と書いてある。これは、日本人慰安婦が一番多かったことを示唆しているが、朝日新聞はここの部分だけ削除して使っているわけだ。これも朝日新聞の本質をよく表している。我々は、河野談話を強制性の根拠とするなら「慰安婦の大半は日本人だったが」という表現を加えるように要請することにした。

上記3点を追加改善要望として、最後と目される書簡が朝日新聞へ送られた。数日後、朝日新聞から戻ってきた回答は、まさに今回の一連のやり取りを通じて明らかになった朝日新聞の実像を表す究極の回答だった。これら極めて具体的な3点について、朝日はどう答えてきただろうか。

冠省

先月27日にいただいたご要望にまとめてお答えいたします。

ご指導いただいた点も踏まえ、朝日新聞デジタルなどのウェブメディアや記事データベース、提供している記事の表現などを日々点検し、必要に応じて改善に努めてまいります。

回答は以上です。よろしくお願いいたします。

草々

朝日新聞はもはや、説明も反論も試みようとしない。「必要に応じて」とは、彼らが必要と感じなければ何もしない、という意味なのだろう。

今回の対話は、朝日新聞にとって千載一遇のチャンスだったと私は強く信じる。良識的な要望には素直に応じて柔軟な姿勢を示せば、AIに「嘘の新聞」と認知されるまで落ちぶれ果てた世間の評価を挽回する最後にして最大の機会だった。7月6日の申入れの時から我々に付き合ってくれた大西弁護士も、最後まで朝日新聞に更生の機会を与えることに拘《こだわ》っていた。なぜならば、我々が求めていたものは闘争ではなく、あくまでも意を尽くした議論と問題の解決だったからだ。

しかし、朝日新聞は結局、自ら議論の土俵から降りてしまった。議論も弁明も説明も放棄するが、印象操作だけは死んでも止めない、という態度を全国民の面前で示した。方針転換を決断できなかったのか、転換する必要はないという決断だったのか、それはわからない。いずれにしても、「朝日メンタリティ」を共有するコアの読者と、運命を共にする道を選んだことに変わりはない。

おそらく、それが赤裸々《せきらら》になったことが今回の結論であり、かつ、最大の成果だったのだろう。自らメディアとしての信用を維持回復する道を放棄したのだから、今後、朝日新聞がいかなる言説を述べようとも、著《いちじる》しく説得力に欠けることになる。

そして最終的には国民の良識が問われることになる。日本を取り巻く世界情勢が激動する今、長年の幻想から目覚めて、現実を見つめなくてはならない。朝日が配達されない朝を迎えたとき、日本はやっと本当の夜明けを迎える。

最後に、いつも丁寧に応じてくれた朝日新聞社の河野修一広報副部長に感謝申し上げる。

第4章

朝日新聞との個人的因縁（山岡鉄秀）

朝日に抱いた最初の疑念

読者は驚くかもしれないが、私は新聞といえば朝日しか読まない家庭で育った。両親は「読売は保守的すぎる」などと言っていたが、私はその意味も分からず、ただ漠然と朝日新聞が一番紙面のクオリティが高いのだろうと思っていた。

小学校低学年のある日、自分から母親に「朝日小学生新聞を購読してもいいか?」と聞き、許可をもらって毎日読んでいた。その頃、「まんが日記」という読者が投稿するコーナーがあって、私も漫画に簡単な日記風の文章を添えて投稿した。まんが日記だから、わざと冗談めいたものを書いた。たしか、3回ぐらい投稿して3回とも掲載された記憶がある。そんなわけで、私は幼少期から朝日新聞を読みながら育った。国語の成績がいつも良かったのは、ひょっとしてそのせいもあっただろうか?

大学生になってもまだ朝日新聞を読んでいた。そんなある日、コンパクトな目立たない記事が目に留まった。当時の先端産業について、一般に知られていない環境破壊の現実をスクープした記事なのだが、小さな扱いだった。私は気になってその記事を切り抜き、机の引き出しにしまっておいたが、気になって自分で調べてみることにした。自分が通う大学の教授に聞いても、知らない人が多かった。官庁や、あちこちに連絡して、なんとか追加的な情報を集めた。

せっかく調べたので、ある国立大学で開催された全国学生弁論大会に出場することにした。結果は優勝だった。審査員のひとりが朝日ジャーナルの記者で、高い評価をくれたことを覚えている。自分で調べてみて、あのコンパクトな記事が実は非常によく書けていることが分かり、新聞記者とはたいしたものだなあ、と感心したものだった。

しかし、調査の段階で、私の胸に初めて「朝日への疑念のとげ」が刺さる出来事があった。私は記事の内容をさらに詳細に調べようと、朝日新聞社に電話した。するとまず応対したのが、まるでやくざのように話す中年男性だった。クレーマー対応係だったのだろうか。無礼な態度に我慢して、こちらが記事の内容についてより詳しく知りたいという趣旨の説明をすると、今度は記者と思《おぼ》しき男性社員が出てきた。

「この記事の内容について、さらに詳しく知りたいのですが」

「あれ以上はお伝えしておりません」

「は？　あれ以上は分かっていない、という意味でしょうか？」

「いいえ、あれ以上はお伝えしていないという意味です」

なんという傲慢《ごうまん》な態度だろうか？　相手を見下す態度にびっくりすると共に、ひょっとしてこれが噂に聞く朝日新聞の傲慢さかと思った。これが朝日新聞に疑念を抱く最初の出来事だった。この「疑念のとげ」はその後もずっと抜けることなく、皮下に留まることになる。

そして、１９８９年（平成元年）に発生した「サンゴ汚したK・Yってだれだ」記事捏造《ねつぞう》事件。朝日新聞社のカメラマンだった本田嘉郎《よしろう》が自作自演で珊瑚《さんご》に傷をつけて落書きし、その写真と手書き原稿をもとに企画報道室記者の降幡《ふりはた》賢一が書き直し、虚構の新聞記事を書いたとされる事件だ。

「あの珊瑚に傷をつけたのか」と思った。

私は大学の夏休みにひとりで沖縄をめぐり、西表島《いりおもてじま》にも渡ったことがあった。問題のアザミ珊瑚の上をシュノーケリングで泳ぎ、透明度の高い海の底に、まるでモスラの卵のように眠る白いアザミ珊瑚を見たのを覚えている。あの美しい海で、珊瑚を傷つけることを思いつく人間がこの世に存在するとは信じられなかった。

日本人を貶める報道機関

この事件を今改めて振り返って、強く思うことがふたつある。まず、この虚報は、現地のダイバーのみならず、日本人全体を貶《おとし》めることが目的だったということだ。

これは一体なんのつもりだろう。（中略）「Ｋ・Ｙ」のイニシャルを見つけたとき、しばし言葉を失った。（中略）日本人は、落書きにかけては今や世界に冠たる民族かもしれない。だけどこれは、将来の人たちが見たら、80年代日本人の記念碑になるに違いない。百年単位で育ってきたものを、瞬時に傷つけて恥じない、精神の貧しさの、すさんだ心の……。にしても、一体「Ｋ・Ｙ」ってだれだ。

〈サンゴ汚したＫ・Ｙってだれだ
（朝日新聞東京本社版　１９８９年４月20日付夕刊一面　連載企画「写'89『地球は何色？』」より）〉

この時、朝日新聞はすでに吉田清治による「慰安婦奴隷狩りキャンペーン」を始めて久しかった。例の「済州島《チェジュ》で２００人の女性を軍隊を率いて駆り出し、慰安婦にした」という記事が出たのは１９８２年だ。植村隆記者が金学順《キムハクスン》さんを「女子挺身隊の名で戦場に連行され」と書いたのが１９９１年で、１９９７年まで、実に15年間にわたって、執拗《しつよう》に日本と日本人を貶めるキャンペーンを行っていた。

アザミ珊瑚事件当時、私は「たまたまおかしな個人が紛れ込んでいたのだろう」と思っていた。しかし今振り返れば、逸脱した個人の捏造のように見えて、実は、朝日新聞が社として取り組んでいた「日本人貶め」キャンペーンの一端だったのではなかろうか。少なくとも、その雰囲気に影響されての発想だったのではないか。そう考えれば、「なぜ個人が沖縄の珊瑚でわざわざ日本人全体を貶めるような発想で記事を書くのか?」という違和感を説明できる。やはり朝日にとっての敵は、戦前の軍部や時の政権に限らず、日本人全体だったのではないか、と想像せずにはいられない。

もうひとつ、この事件に際して、朝日新聞の体質が顕著に表れている部分がある。「明らかな過失があった場合」でも、最後までそれを認めようとしない体質だ。

この事件でも、当初は抗議に対して「朝日に限ってそんなことはない」と取り合わなかった。後には「最初からあった傷をこすって分かり易くした」などという説明を鵜呑《うの》みにし、傲慢な態度で応じて批判されたあげく、ついに本田カメラマンによる完全な捏造だということを認めざるを得なくなり、一柳東一郎《ひとつやなぎとういちろう》社長の引責辞任に帰結した。

当時、「マスコミ九条の会」呼びかけ人のひとりとされる桂敬一は、「こうした事件は『朝日』だけに生ずるものではなく、現代のマスコミ報道の競争構造の中ではどこで生じてもおかしくなく」、「たまたま『朝日』の上に生じた」「『朝日』ですらこのような事件の起こる低質な競争関係にはまり込んでおり、そこからひとりだけ抜け出すことはできない」（『現代の新聞』岩波新書、９～12頁）と朝日を擁護した。

もちろん、今では誰もそんな弁護に耳を貸さないだろうが、当時はまだ「そうなのかもしれない」と思う向きも多かったのかもしれない。「朝日が全くの虚報に基づくキャンペーンを行い、発覚した後もとことん謝罪と撤回を拒否する企業だ」とまでは思えなかったのだろう。かく言う私もそのひとりだった。「いくらなんでもまさか」という発想である。

言うまでもなく、報道機関による危機管理とは、誤報してしまった際はできるだけ迅速に撤回し、責任者を処分して謝罪することだ。それによって報道機関としての信用を保つのである。ところが朝日はその真逆のことを何度も繰り返して止まない。報道機関ではないことを自ら宣言しているようなものだ。

今回、私とケントさんが追及した「慰安婦英語印象操作と検索回避メタタグ挿入事件」を見て、多くの方が「まさかここまでとは」とお感じになったことだろう。その「まさか」なのである。過去に多くの不祥事がありながら、まったく体質が改善されていないことが証明された。隠れてやっていた「日本人貶め」の細工が今回、たまたまバレてしまっただけ、というのが本質ではないのか。

信じられない低クオリティの文章

今回、私が少なからず衝撃を受けたことがもうひとつある。それは、朝日新聞から戻ってくる回答文の文章のクオリティが非常に低いことである。朝日新聞は毎回、回答期限ぎりぎりに回答してきた。さぞかし推敲《すいこう》を重ねて来るのかと思いきや、これがプロが書く文章なのかと思うことがしばしばだった。

英語表現に関する最初の回答からして、こちらが「日本政府は国会で外務省とアジア女性基金の見解は必ずしも一致しないと答弁しているのだから、アジア女性基金が類似の表現を使ったことがあるという理由は通用しませんよ」とわざわざ述べているのに、平気でアジア女性基金に論拠を求める文章を返してくる。トピックが「メタタグ問題」に移ってからは、まったく説明になっていない意味不明の文章の連続だった。もちろん、まともに回答できずに苦し紛れに書いたからそうなったとも言えるだろう。我々を見下してもいたのだろう。

それにしても、朝日小学生新聞を読んで育った私にとって、朝日新聞からあのように杜撰《ずさん》な文章を受け取ったことは、多少のショックではあった。

後田《うしろだ》広報部長名で発せられてはいるが、回答文章は広報部外で書かれているのだろう。回答の送付が遅いのは、回答を書いている部署から広報部への送付が遅いことに起因しているのかもしれない。そして、その部署の社員にこちらの質問なり要望を正しく理解する力があったのかどうか。また、広報部はこちらに返す前に本当に内容をチェックしたのかどうか。どれもこれも疑わしくなるほど、稚拙な文章だったと言わざるを得ない。

なぜ、たったこれだけの文章を書くのに時間を要するのか。元々忙しい部署が広報部に押し付けられて、後回しにしながら嫌々書いてよこした、ということなのだろうか。しかし、新聞社とは思えない文章の質の低さという観点で、非常に気になることが他にもある。それは、朝日新聞紙面に堂々と掲載されるコラムのクオリティの低さだ。

例えば〈だまってトイレをつまらせろ〉と書いたハチャメチャな記者がいることは聞いてはいた。常軌《じょうき》を逸《いっ》しているという以前に、高校生が書いたのかと思うような稚拙な文章だ。

正直言って、今回、自ら朝日新聞と書簡の応酬をし、返ってくる文章の拙《つたな》さに気付くまで、この朝日新聞社員の「トンデモコラム」に関心を持ったことはなかった。こちらの抗議を無視して朝日新聞が継続している英語による印象操作の方がよほど深刻だからだ。しかし、朝日が返してくる文章の拙さにため息をつきながら、「相当我々を舐めていて、見習い中の記者にでも書かせているんだろうなあ」などと思っていたある日、偶然、インターネットで高橋純子氏のコラムを目にした。

〈【政治断簡】キリない怠慢、華麗なる欺瞞《ぎまん》　編集委員・高橋純子（2018年9月17日）

過日。出張先にて立ち寄った喫茶店のトイレ、個室の右側の壁に貼り紙がしてある。「最近、トイレットペーパーを大量に使用しているお客様がいらっしゃり、便器が頻繁につまっております」「そのたびに従業員が便器に手を突っ込んで取っています」

なんとストレートな愁訴《しゅうそ》であろうか。黙ってトイレを詰まらせるとは迷惑千万、後に続くは当然、「大量に使うのはお控えください」だろうと読み進めると……むむ？

「たくさん使っても構いませんので、少量をこまめに流していただけるとつまらなくなると思います。ご協力をよろしくお願い致します」

なぜだ。なぜ「構わない」なんて言うのだ。

便器に手を突っ込む事態さえ回避できればいい。その気持ちはわかる。わかるから余計に、元凶を正さずに対処法でしのぐということではいけないと思う。おかしいことをおかしいと言わずにいたら人は、生きていく上で土台となる部分をすり減らし、しゃんと立つことができなくなってしまうから。

でもこういうこと、あちこちで起きているんだよねと、個室で独りごちる私。膿《うみ》を温存したまま講じられた〝再発防止策〟「行政をゆがめても構いませんので、公文書として残さずメモもこまめにとらないで頂けるとバレなくなると思います」みたいなことをやらされる官僚とかさ。

「強者」の理不尽にさらされ続けると、抵抗する気力を奪われ、そのうち粗末な「エサ」をもらっただけで大変な恩顧を受けたかのごとく感じるようになる。かくして「強者」はますます増長し、さらなる理不尽が横行する。「正直、公正」なんて当たり前のことを言うと叱られるこの国、なんて美しい国。

無理が通れば道理はわりと簡単に引っ込むことを思い知らされたこの6年。ボーッとしていたら飼いならされる。おかしいことはおかしいと声を上げ、気弱な道理を励ましてあげなければならない。見えない首輪をふりほどき、当たり前を取り戻すのだ。

＊　＊

さて自民党は総裁選のさなかである。政策の中身よりも、恫喝《どうかつ》、締め付け、乗れ乗れ勝ち馬、諸センセイ方のお尻の穴の小ささがいやに際立つ低調な選挙戦、それでも首相は憲法改正が争点だったということにしておきたいのだろう、先月末、横浜市で開かれた自民党の会合で「憲法改正に取り組んでいく責任がある」「発議《ほつぎ》をしないのは国会議員の怠慢ではないか」と述べたという。

へー。怠慢だって。へー。

ならば教えて頂きたい。

同性カップルを念頭に「生産性がない」と主張し、当事者らから強く批判されたのに公式に会見も謝罪もしない国会議員は怠慢ではないのか。それをなんだかよくわからない「指導」で済ませている自民党は怠慢ではないのか。言い出したらキリがないほど累積している怠慢を放置して憲法改正に固執する首相は怠慢傲慢《ごうまん》華麗に欺瞞《ぎまん》ではないか。

「責任」を言うならまず、自分のお尻を自分で拭く。

話はそれからである〉

この文章を論評する必要はないと思うが、最初ウェブ上で見て、てっきり誰か一般人のブログか、Ｆａｃｅｂｏｏｋの投稿だろうと思った。ところがよく見たら、れっきとした朝日新聞サイトに掲載されたコラムのようである。思わずスタッフに「ひょっとして、これがエビデンスなんてねーよ、とかトイレを新聞紙で詰まらせろ、とか書いた人？」と聞いてしまった。文体を見て連想できたからだ。すると、紙媒体の紙面にもでかでかと載っていると聞いて、これは何かがおかしいと思った。しかし、この時点でもまだ、高橋純子氏は珊瑚事件の記者たちのような立場の人物なのだろうと想像していた。ところがよく見ると、政治部次長とあるではないか。

こういう文章を政治部次長が書き、それが堂々と紙面に掲載されているとなると、我々への回答を右も左も分からない新卒の記者に書かせていたという推測は外れているかもしれない。一連の回答書は我々を見下して適当に新人に書かせたのではなく、まじめに書かれたものだったのかもしれない。私はコラムが載った朝日新聞の紙面を見つめながら、朝日新聞社よりも、「日本は大丈夫か？」と心底不安になった。しばらく日本を離れている（23年弱）間に、日本という国にとんでもない劣化が起きているのではないか？　朝日新聞はその象徴に過ぎないのではないか？

何かが完全におかしくなっているとしか思えなかった。

精神分析学的アプローチ

朝日新聞が繰り返す不祥事を目撃して、私は常々、これはもはや「精神分析学的アプローチ」が必要なのではないかと思っていた。つまり、思想とかイデオロギーという分野だけでは理解不能だと考えるからである。

朝日新聞が隠そうともしない「日本と日本人に対する憎悪」はいったいどこから来るのか、説明する方法があるとしたら、精神分析によらざるを得ないのではなかろうか？

朝日に限らず、戦後教育を受けた日本人は少なからず「日本人は本質的に悪辣《あくらつ》な民族」と思い込んでいるフシがある。それにしても、わざわざ朝鮮半島に行って日本政府に対する訴訟の原告になる元慰安婦を探したり、元慰安婦に無理やり特定の証言をさせたり、性奴隷という言葉を国連に売り込んで悦に入る弁護士や、反日団体に日本叩きの方法を指南するフェミニストなど、完全に常軌を逸している。何かが病んでいるという前提で分析する他はないと思える。朝日新聞はその集合体としての代表選手と言えるだろう。

そう思っていたら、まさにその趣旨で朝日新聞を分析した本があった。木佐芳男氏による『「反日」という病』（幻冬舎）、という本である。早速購入して読んでみた。

木佐はまず「朝日は、ＧＨＱのマインドコントロールを特に強く受け、同時に、日本人をマインドコントロールする主体ともなった」と定義する。その上で、朝日はけして自虐的なのではなく、自己愛が肥大化して日本人をスケープゴートにしており、むしろサディスティックだという。どういうことか？

慰安婦問題は朝日新聞が火を付け、外交問題にまで発展し、日本の名誉が大きく傷つけられ、日韓関係も修復不可能なレベルにまでこじれてしまったことに異論をはさむ人は少数派だろう。朝日新聞の責任は甚大《じんだい》だ。朝日新聞がやっていることは日本を貶めることだから、一見自虐的に見えるけども、それでは問題の本質を見誤ると木佐は指摘する。

言うまでもなく朝日新聞社は法人であり、組織だが、木佐が展開する精神分析学的アプローチは朝日を個人に見立ててメスを入れていく。

木佐は朝日新聞の出自《しゆつじ》に遡《さかのぼ》る。朝日新聞は１８７９年（明治12年）１月25日に大阪で創刊された。私はこの本を読んで初めて朝日新聞の社訓を見た。

「勧善懲悪《かんぜんちょうあく》ノ趣旨ヲ以《もつ》テ専《もつぱ》ラ俗人婦女子ヲ教化ニ導ク」

すなわち意訳すれば、

「勧善懲悪を主なねらいとし、もっぱら、風流を解さない教養の低い者、女性や子どもを教

化して導いていく」(木佐)

これは驚きである。まず、創業時から勧善懲悪を謳《うた》っていたのである。木佐は、朝日はいまだにこの創業社訓に謳われる善悪二元論の発想を持ち続けていると言う。物事を単純に善と悪に二分する発想はカルト教団に顕著であり、世の中を資本家対労働者の階級対立で理解する共産主義もまた、善悪二元論であると指摘する。

もちろん、世の中は単純に善悪、白黒に分けられるほど単純ではない。そうであるからこそ、新聞社は善悪の価値判断からは一歩距離を置き、事実を正確に伝えて読者の判断に供するのが本来の役割なのではないか。われわれは常識的についそういう前提で考えてしまいがちだが、朝日新聞に関しては、最初から自分たちが善であり、悪と見做《みな》した相手を懲罰するという姿勢で誕生したわけだ。

それなら、朝日新聞が異なる立場を徹底的に攻撃する姿勢が説明できるかもしれない。言い換えれば、朝日新聞は最初から報道機関ではなかったとも言えるのではないだろうか。自分たちを絶対正義とし、外に絶対悪を作って攻撃する。その目的を遂行するための報道をする。これでは、公正を期する報道機関たりうるわけがない。

さらに善悪二元論はカルト教団がそうであるように、全体主義につながる。木佐は指摘する。朝日が戦前は軍国主義という全体主義、戦後は共産・社会主義という全体主義にシンパシーを抱いたのは、創業以来のＤＮＡのなせる業《わざ》だと。

また、後段の「風流を解さない教養の低い者、女性や子どもを教化して導いていく」という姿勢は、木佐も指摘するように、驚くべき〝上から目線〟であり、今日的観点では朝日自身が断罪すべき内容だが、その傲慢さは今日も健在であることに多くの国民が合意するだろう。学生時代の私が問い合わせたときの態度、私とケントさんの申入れに対する回答は、まるで「お前たち下賤《げせん》の者にまともに返事する義務はない」と言わんばかりに見える。

この傲慢な姿勢もまた、創業時の社訓に始まっていたことは興味深い。朝日新聞は誕生と同時に自らの存在を、上から目線で悪を懲罰する絶対正義と規定していたのだ。

木佐は、朝日新聞の本質は「自虐」ではなく「自己愛」であるという仮説を唱える。ドイツ人は「ヒトラーとナチス」を悪いドイツ人としてスケープゴートにすることで、自分たちを善良なドイツ人と見做し、負の歴史から逃亡した。ほとんどの国民が「ヒトラーとナチス」を支持していたにもかかわらず、である。

翻《ひるがえ》って日本の場合、Ａ級戦犯なる人々はいても、「ヒトラーとナチス」ほど分かりやすいスケープゴートが無いために、自分たちの仲間以外の「日本と日本人」をスケープゴートにして、自分たちを絶対的に「良い日本人」に位置付けたいのではないか、というのである。その意味において、朝日新聞の本質は実は「自虐」ではなく「自己愛」だというのだ。そして、自己愛が強くなりすぎると、周囲と軋轢《あつれき》を起こすようになり、精神医学、心理学で定義するところの自己愛性パーソナリティ障害を発症することになる。木佐は精神科医で作家の春日武彦の元を訪れ、自身の仮説について意見を求めている。これに対し、春日は同意したうえで、自己愛性パーソナリティ障害を以下のように説明している。

〈他人の気持ちがわからない、自分を尊重することだけが大事、他者との関係性が非常に歪《ゆが》んでいるということです。自己愛が強烈ならばそのぶん自分を尊重し、ついでに他人をも尊重するかといえば、そんなことはないんですね。自己愛に見合うだけの魅力とか才能とか実績を得ようとしてもかなわないとなると、他人を貶めて相対的に優位に立とうとしたり、傷つかないように世間とのかかわりを避けて自分の世界に閉じこもって妄想的になったりして自己正当化を図る。あるいは嘘《うそ》やアンフェアな方策で世の中そのものを変えてしまおうとする。ときには自暴自棄や逆恨みの行動に走る。その結果、他人のみならず自分をもないがしろにしてしまう。そうした倒錯した傾向が、自己愛性パーソナリティ障害にはともないがち

なところが重要でしょうね〉（木佐前掲書、44頁）

さらに、「宮澤首相の訪韓直前に大キャンペーンを張るなど、日本を窮地に立たせることを承知のうえで朝日が虚報を繰り返すのは、愉快犯や劇場型犯罪に似ているのではないでしょうか？」と質問する木佐に春日はこう答えている。

〈何でもかんでも操《あやつ》る。全能感と自己肯定。傲慢さと思い上がりによって自己肯定を図ろうとする精神ですね。その表れのひとつが、他人を弄《もてあそ》ぶといった振る舞いです。ある種のパーソナリティ障害の人って、意味もなく人を操るのがけっこう好きです。（中略）**じつはそれに目的はない。自分は自在に操れるんだということでやっと自己肯定できるとか。ある種の愉快犯的動機、あるいは自作自演で世界を煽《あお》り操る。何か、朝日にはそういうのに共通したものがあるのではないか。コントロール願望による全能感の満足と自己肯定のためにやっているのではないでしょうか**〉（前掲書、45〜46頁）

春日はさらに、病的な症状がエスカレートしている朝日を評して「年を経るにしたがって、

朝日はグロテスクになってきました」とも形容している。（同43頁）

確かに、朝日新聞という組織が社風としてそのような性格を帯びていることは事実であるように見える。また、組織は常にその社風に馴染《なじ》む人材を採用し、育成する。したがって、個人のみならず、朝日新聞社という総体としての組織に「自己愛性パーソナリティ障害」の傾向が見られるという仮説は成り立ちそうである。

いつまでも続く河野談話の悪影響

ここで私の脳裏《のうり》に浮かぶ人物がいる。これら朝日新聞に顕著な性格を共有する政治家もいたように思えて仕方ないのだ。河野洋平だ。

平成25年（2013年）7月にカリフォルニア州グレンデールに慰安婦像が建てられた。その碑文は「私は日本軍の性奴隷でした」という衝撃的なセンテンスで始まる。これが建てられてから、明らかに現地邦人の生活に悪影響が及んだと証言する人は多い。特に幼い子供を持つ母親にその思いが強い。現地邦人が暴言を浴びたり、唾を吐きかけられたりする事件が発生するようになった。それまでは平和だったコミュニティに楔《くさび》が打ち込まれたのだ。

今回の我々からの「英語による慰安婦強制連行印象操作中止依頼」に対し、朝日新聞がいまだに河野談話にしがみ付いたことからも分かるように、河野談話が及ぼした影響は計り知れず、河野談話がある限り、日本政府の反論も説得力をもたない。

ちなみに、「河野談話自体は強制連行を認めたものではないが、談話発表後の記者会見で河野洋平が記者の質問に答えて、強制性があったと解釈してもよいと答えたことこそが問題だ」と主張する方が多くいるが、その解釈は間違いだ。もちろん、河野による勝手な答弁は言語道断《ごんごどうだん》だが。

現実には談話にどう書いてあったかより、相手がどう理解したかの方が決定的に重要だからだ。拙書『日本よ、情報戦はこう戦え！』（育鵬社）でも書いたが、このわざと曖昧《あいまい》に書いた河野談話を当事者の韓国は「慰安婦の募集、輸送、慰安所の運営において全般的な強制性があったことを認めたものと理解する」という声明を発表している。そして日本政府が即座に反論しなかったので、その見解が一般的に定着してしまったのだ。この現象は２０１５年の日韓合意の際も繰り返された。日本人は相手が、世界がどう解釈したかを無視して「そんなつもりはない」「そのようには言っていない」などと弁明する愚を何度も繰り返している。

さて、無責任な言動に怒り心頭に発したグレンデール在住の母親たちが、河野宛に抗議文を書き、なでしこアクションの山本優美子が質問状を添えて河野に送付した。以下にその全文を示す（なでしこアクションホームページより）。

〈公開質問状（平成25年11月4日）

「戦時中、20万人の婦女子が日本軍に強制連行され、慰安婦として性奴隷にされた」という事実無根の捏造歴史が世界中に広まっています。強制連行の証拠は、日本政府はもとより、韓国政府ですら未だに出せていません。

そうであるにもかかわらず、我が国がこの慰安婦問題で謂《いわ》れ無き抗議、非難、中傷を受け続けている大きな元凶となっているのは、貴方様が平成5年8月4日、「慰安婦関係調査結果発表に関する河野内閣官房長官談話」（以下、河野談話）を発表した事に起因します。平成25年10月16日付産経新聞の報道によると、河野談話の根拠となった韓国元慰安婦16人の聞き取り調査は、証言の事実関係が曖昧で別の機会での発言と食い違いが目立つ他、氏名や生年並びに住所等も不正確な例が多く、歴史資料としては通用しない杜撰な調査であったことは明白であり、河野談話の正当性は根底から崩れています。

私達は戦後、満州や朝鮮半島引揚の際に多くの日本女性がロシア人や朝鮮人に強姦され強制堕胎《だたい》したこと、そしてアメリカ占領軍の暴行により多くの日本女性が性的被害者となった歴史的事実を知っています。このような戦争に纏《まつ》わる女性の悲劇は、二度と繰り返されてはなりません。しかし、慰安婦問題は全く次元の違う問題です。何故、日本だけが事実でないことで非難され続け、私達の子どもの世代までもが、その捏造された負の遺産を背負い続けなければならないのでしょうか。

「今年7月、カルフォルニア州グレンデール市に韓国人慰安婦像が建ちました。米国の「日本人の子どもを守る母の会」から寄せられた貴方様への抗議文をこの質問状に添付いたしましたので、是非お読みいただき、現地の母親達の悲痛な声に耳を傾けて下さい。

貴方様には、河野談話を発表した官房長官としての大きな説明責任があります。よって平成25年12月4日迄に、下記の質問5項目について御回答下さい。

尚、この質問状と貴方様からの御回答は、多くの日本国民の関心事と考え、公開させていただく所存です。

衆議院議長を務められ桐花《とうか》大綬章をも受章された貴方様より、誠意ある御回答を頂きたく、心よりお願い申し上げます。

記（質問）

1．河野談話について、貴方様が国会や公開の記者会見などで国民に説明する義務と責任があるという声が高まっています。これに応じられるご意思の有無をお答え下さい。
2．韓国人元慰安婦に関する調査が、歴史資料としては通用しない、裏付け調査に基づかない内容であったことを事前にご存知であったのかどうか、お答えください。ご承知の上で談話を発表したのであれば、その理由をご説明下さい。
3．河野談話の白紙撤回を求める意見が増えています。これに賛同されるか否かとその理由をご説明下さい。
4．多くの国民が、河野談話は過去のみならず、現在と未来の日本人の名誉と尊厳をも傷付けるものと考え、それ故、貴方様を国賊と批判する人も少なからずおります。この現状をどのように思われるのか、お答え下さい。
5．「河野談話」の中に、「慰安婦の募集については、軍の要請を受けた業者が主としてこれに当たったが、その場合も、甘言、強圧による等、本人たちの意思に反して集められた事例が数多くあり、更に、官憲等が直接これに加担したこともあったことが明らかになった。」と有りますが、上記文中の「官憲等が直接これに加担したこともあったことが明らかになった」証拠をお示し下さい。

以上〉

〈【添付】抗議文　日本人の子どもを守る母の会代表　豊田育代

本年7月にロサンゼルスに隣接するグレンデール市中央公園に多くの在米日本人の反対を押し切り韓国人慰安婦像が設置されました。その1ヶ月後に近郊のブエナパーク市議会で慰安婦像設置計画が討議されましたが、在米日本人の必死の署名活動等により設置は見送られました。他市にも同様の慰安婦像設置の動きがあり、予断を許さぬ状況です。

私達がお伝えしたいのは、グレンデール市に慰安婦像が建ったことで米国に暮らす日本人の子ども達に被害が及んでいる現状です。慰安婦像台座に刻まれた「私は日本軍の性奴隷でした」で始まる過激な碑文を鵜呑みにした米国人から「レイピスト（強姦魔）」呼ばわりされる等の被害があります。韓国系の多い地区に住む日本人の中には、外で我が子に日本語で話しかけるのを、子どもの安全を考え躊躇《ちゅうちょ》する人もいます。これが、韓国人慰安婦問題で揺れ動く今の米国に住む日本人の現状です。私達は、既に国が解決済みであるとする慰安婦問題で、何故これほどまでに屈辱的な悲しい思いをしなければならないのかと、やるせなさを抱きながら暮らしています。

私達が最も困惑したのは、グレンデールに慰安婦像設置を推進したキンテロ市議が、設置正当化の理由として河野談話に基づく日本政府の姿勢を指摘したことです。同様に、2007年米下院で可決された従軍慰安婦対日非難決議も、河野談話を根拠としています。慰安像設置に唯一反対票を投じたグレンデールのウエーバー市長は、日本のテレビ局の取材に応じて、「慰安婦像設置は間違っていた」と発言しただけで、「日本から賄賂《わいろ》を貰った」「暗殺してやろうか」等、韓国系設置推進派からの誹謗中傷《ひぼうちゅうしょう》を受けていると聞きます。

米国は様々な民族が住み分けして暮らす多民族国家です。これまで平和に共存していた韓国系と日系住民の間に無用な摩擦や軋轢を生み出した慰安婦像は、平和な地域コミュニティにとって「百害あって一利なし」です。

河野談話を根拠として全ての慰安婦問題が発生しているのですから、海外の日本人が大打撃を受けているこの現状を真摯《しんし》に直視して下さい。私達は、河野談話を発表した当事者である貴方様が、未だに説明責任を果たされていないことに対し、抗議いたします。そして、日本人の子ども達の未来の為にも、国民に対する迅速なる釈明と談話の撤回を要望いたします。

以上〉

この質問状に河野は次のように返答した。156頁にそれを示す。

そしてこの短いレターには2012年（平成24年）10月8日付の読売新聞の記事が添付されていた（157頁参照）。私はこの河野の回答と朝日新聞の我々への回答に驚くべき類似性を感じる。「自分を尊重することだけが大事で、相手の立場や気持ちは完全に無視」なのだ。前述の精神科医の春日武彦による「自己愛性パーソナリティ障害」の描写にそのままあてはまる。

私やケントさんの元には、様々な国で嫌な思いをしている方々からしばしば手紙やメールが舞い込む。どこに思いのたけをぶつけてよいか分からず、藁《わら》にもすがる思いで送ってくるのだ。本来ならそれぞれの人が住んでいる地域を統括する領事館や、地元の日本人会が受け皿となるべきだが、平和ボケした日本人は自分たちが攻撃対象になるなどとは夢にも思わず、危機対応能力が著《いちじる》しく低い。だから、往々にして、完全な部外者である我々や、たまたま現地を訪れた著名人に思いが託されることがよくある。

我々が朝日新聞に申入れを行ったのは、もちろん、自分自身の問題意識に加えて、それらの人々の思いに突き動かされてのことだ。私自身が代表を務めているAJCN（Australia-Japan Community Network）はまさに子供を守りたい母親のグループだ。だから私たちは河野洋平に抗議文を送った母親たちの気持ちが痛いほどよく分かる。

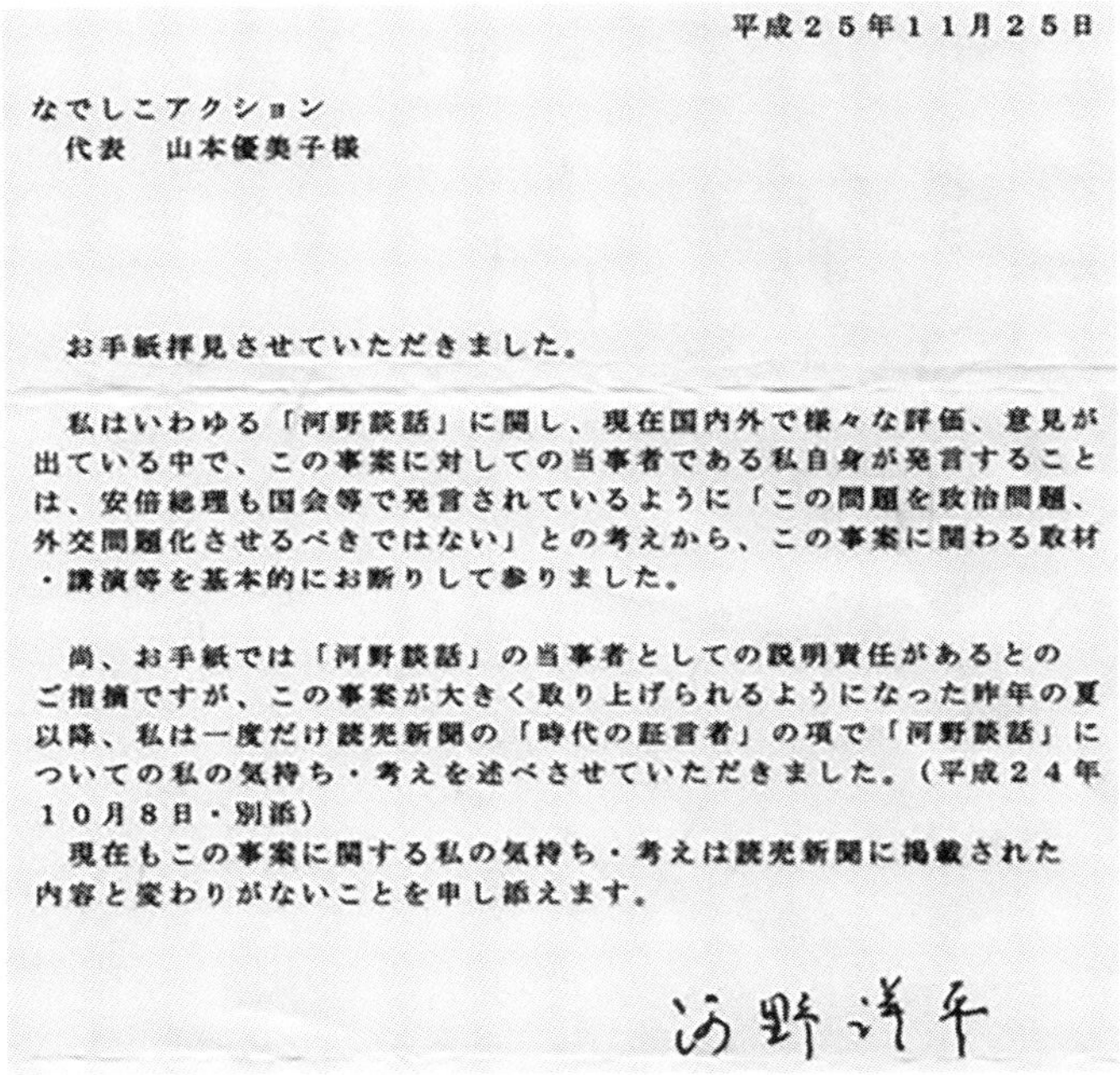

平成２５年１１月２５日

なでしこアクション
代表　山本優美子様

お手紙拝見させていただきました。

私はいわゆる「河野談話」に関し、現在国内外で様々な評価、意見が出ている中で、この事案に対しての当事者である私自身が発言することは、安倍総理も国会等で発言されているように「この問題を政治問題、外交問題化させるべきではない」との考えから、この事案に関わる取材・講演等を基本的にお断りして参りました。

尚、お手紙では「河野談話」の当事者としての説明責任があるとのご指摘ですが、この事案が大きく取り上げられるようになった昨年の夏以降、私は一度だけ読売新聞の「時代の証言者」の項で「河野談話」についての私の気持ち・考えを述べさせていただきました。（平成２４年１０月８日・別添）
現在もこの事案に関する私の気持ち・考えは読売新聞に掲載された内容と変わりがないことを申し添えます。

河野洋平

しかし、朝日新聞は海外で発生している問題や、被害にあっている人々の状況について、完全に無視した。我々の申し入れ書に明記されているにも拘わらず、である。そして、自らが執拗に続ける英語による印象操作を肯定する根拠を、河野談話に求めた。

もともと朝日が引き起こした騒ぎの結果として生まれた河野談話に、現在朝日が行っている印象操作の根拠を求めるのは許しがたい欺瞞であるが、河野はそのことを問題にもしないだろう。なぜならば、河野自身が、自らが発した声明によってどれだけ国益を損じ、多くの人が苦しんでいるかにはまるで興味がないからだ。

長文の質問状と抗議文に対する河野のそっけない回答には、思いやりや同情の気持ちの一片も感じられず、朝日新聞の回答にそっくりだ。ひたすら自らの行為を肯定し、自分がいか

（第3種郵便物認可）　讀賣新聞　2012年（平成24年）10月8日（月）

時代の証言者

保守・ハト派　河野《こうの》　洋平《ようへい》　16

河野談話「内閣の意志」

＜1993年8月、いわゆる従軍慰安婦問題で、旧日本軍や官憲による「強制性」を認めた河野官房長官談話が発表された。しかし、旧日本軍が女性を組織的に強制連行して「性奴隷」にしたとの誤解を国際社会に定着させた「負の遺産」だとして、見直しを求める声が根強い＞

92年7月、加藤紘一官房長官が慰安婦に関する調査結果を発表、謝罪しました。軍当局による慰安所の設置と運営、旧日本軍の車両での女性移送などの事実が省庁の文書で確認された一方で、募集方法など「強制徴用」を裏づける資料は見つからない。韓国は納得せず、加藤さんの後任の私は警察、防衛、外務、文部、厚生、労働の各省庁に更に調査を依頼します。時間の経過などから積極的協力を得るのは大変で、最後に実施した元慰安婦本人からの聞き取りも難航しました。

最大の障害は名乗り出た元慰安婦同士の対立で、まず日本政府が謝罪して賠償せよと言う集団が、生活の困窮で償い金が得られるなら応じてもいいと言う女性を「売国奴」と罵倒する。日本政府調査団の慎重姿勢に徐々に心を開いた16人が当時、「出所や中身は公表しない」との約束で口を開いてくれた。内容を全て公表できないのは、本人だけでなく親族が街、白い目で見られた環境ゆえです。

金大中・韓国大統領（右）と会談する河野さん

厳しい状況で得た証言では、日本の軍人が威嚇して女性を連れていった、工場の下働きの仕事だとだまされた、日によっては20人を超す兵隊の相手をさせられた、敗走時は置き去りにされたといった、痛ましい体験が語られていた。軍には逆らえない状況下で、総じて「強制性」を認めるべき内容だと判断しました。

＜談話への批判の主な理由は、軍や官憲が強制的に連行したと示す資料が発見されないまま、証言のみで「強制性」を認めた点だ＞

証言を読んだ宮沢さんは衝撃を受けていました。私が発表した談話は、日韓だけでなく米国の国立公文書館などの資料も慎重に検討し、宮沢内閣の責任で決めた「内閣の意志」です。閣議決定はしていませんが、その後の全ての自民党政権も民主党政権も踏襲してきた。にもかかわらず、紙の証拠がないからといって戦後半世紀を超えて今も苦しむ女性の存在や戦争中の悲劇までなかったと言わんばかりの主張には、悲しみさえ覚えます。アジアのみならず欧米諸国からも日本の人権意識を疑われ、国家の信用を失いかねません。

談話見直し論を引き起こした李明博・韓国大統領の竹島上陸や天皇陛下への謝罪要求は看過できない。ただ、歴代大統領が歴史問題で日本へのいら立ちを募らせてきたことも事実で、古い友人の金大中さんも何度もそう言っていました。

元慰安婦への償いを表すため、村山連立政権時にアジア女性基金ができます。日韓の国家賠償は65年に請求権協定で決着済みなので国民の善意に頼る枠組みとし、6億円が集まりますが、熱心に手を挙げていた銀行が「トップの意向」と言って寄付金の受け入れを拒否し、経済界はほとんど協力しないなど、関与を避ける空気も強かった。その中で、参院議長を退任した原文兵衛さんが「日本人の責任だ」と基金の理事長を引き受けた態度は立派でした。

（編集委員　伊藤俊行）

河野洋平が同封した新聞記事

に韓国人に同情的な「いい日本人」であるかを強調することに終始している。河野が同封した新聞記事を読めば、当時、慰安婦の証言だけを検証もせずに証拠として採用したことが分かる。河野にとっては日本の名誉や海外邦人の安全を守ることよりも、韓国人から「良心的日本人」と見なされることの方がずっと大事なのであろう。まさに強烈な「自己愛」である。

このように、私は慰安婦問題で日本と日本人を苦しめる原因を作った主犯である朝日新聞と河野洋平との間に、強い類似性を見出《みいだ》さずにいられないのだ。

もし彼らの類似性を木佐が着目する「自己愛性パーソナリティ障害」で説明することが可能であるならば、次のように解釈することが可能ではなかろうか。

すなわち、戦後徹底的に「日本人は愚かで残虐で外国に多大な損害を与えた罪深い民族だ」と刷り込まれた世代は、自らが日本人であることを恥じ、日本と日本人をスケープゴートとすることで自らを善良な日本人と見なして自己肯定感を得た。戦勝国である米国や中国、および被害者として戦勝国扱いされた韓国に自らを同一化し、それらの国々の主張を最大限支持して日本を攻撃することで「自己肯定」しようとする、歪んだ「自己愛の実現」を行う人間が大量に発生した。そのなかでも重篤《じゅうとく》な症状を示すのが政治家としての河野洋平であり、組織としての朝日新聞だと。そして両者は「自己愛性パーソナリティ障害」と呼べるような症状を発症していると。

この、元来の敵と自らを同一化するという概念について、木佐がインタビューした和光大学名誉教授で心理学者の岸田秀《しゅう》の解説が、前掲書の中で紹介されている。要は日本人という集団において、個人の統合失調症と類似した症状が発症した。本来の自分である「内的自己」と外部環境に適応するための外向きの顔である「外的自己」が分離し、自分と敵を同一化し、敵の立場に立って「内的自己」を攻撃するようになった。戦後はこの敵と同一化した「外的自己」が正義となり、朝日新聞や進歩的文化人、及び政治家や国民の何割かが日本を攻撃することを正義と見なしてきたわけだ。朝日新聞や国連に「性奴隷」という言葉を持ち込んだ人権派弁護士は、この「外的自己」が暴発したケースだと理解できるという。

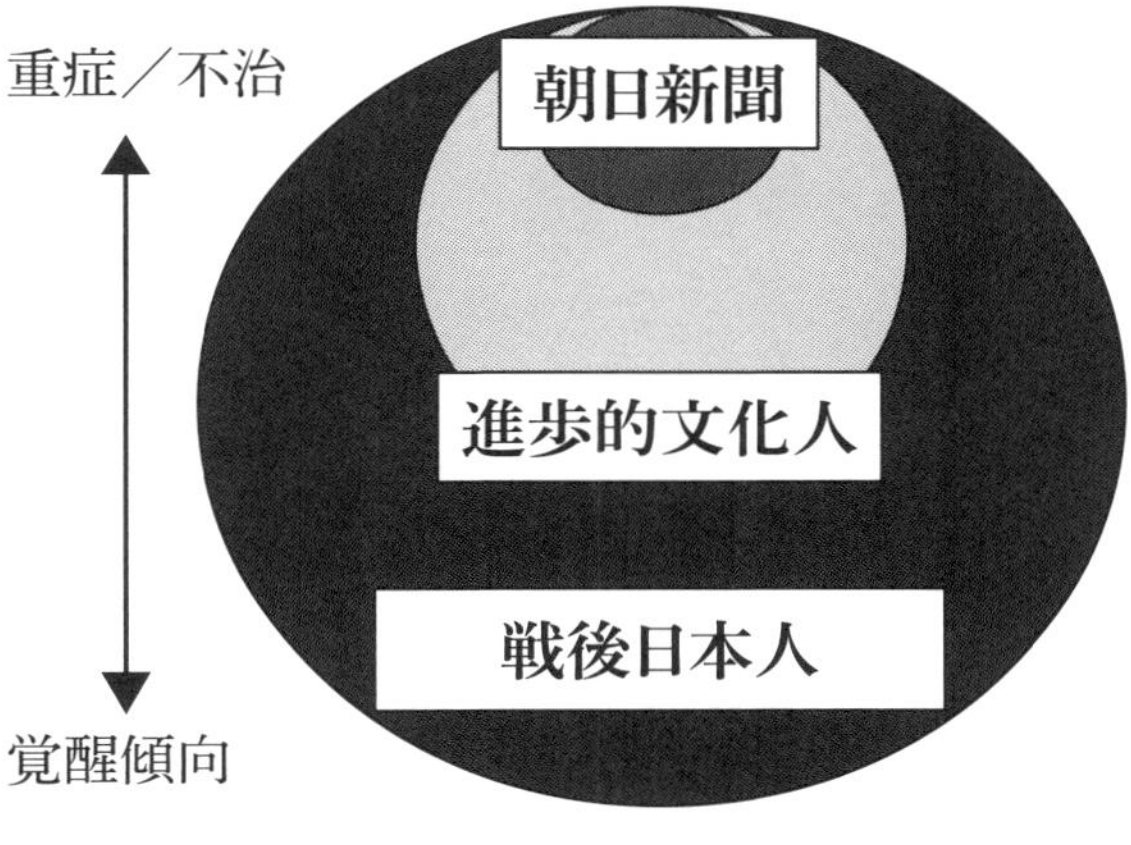

岸田はさらに説明する。朝日新聞には戦前と戦時中に散々戦争を煽って日本を滅亡に導いた重大な前科があり、その罪悪感を無意識の領域に押し込んで抑圧した。その結果、神経症を発症し、その症状が捏造や誤報である、と。

木佐の着眼こそは、まさに私がぼんやりと考えていたことを明確に示しており、納得の洞察である。ただ、それをまとめると、前頁の図のようにならないだろうか？

つまり、戦後の日本人は全員、多かれ少なかれマインドコントロールを受けており、かつて戦争を決意した自己（内的自己）を否定し、戦勝国アメリカや中韓に自己を同一化させて自己否定することによって正義の側に立とうとしてきた。その傾向が強いのが進歩的文化人と言われる人々であり、さらに過激なのが朝日新聞や人権派弁護士などである。ようするに、基本的には日本人全体が同じ症状を発症したのだが、特に重篤なのが朝日新聞である、という相対的解釈である。

しかし、この仮設が１００パーセント正しいとしても、それだけで説明できるか、他の要素もあるのではないか？　という疑問は残る。

記事に「アングル（角度）を付ける」悪癖

たとえば、朝日新聞は「自分たちだけが正義の良い日本人」という「自己愛」に突き動かされ、自尊心を満足させるためだけに、謀略とも取れる行為を飽くことなく繰り返してきたのだろうか？　私は木佐の分析に同意しつつ、木佐が著書で触れながら、深く踏み込まなかった他の要素も大きく関与しているに違いないと感じている。

たとえば、元朝日新聞記者の長谷川熙《ひろし》が書いた『崩壊　朝日新聞』（ＷＡＣ）によれば、朝日新聞がマルクス主義者集団であり、親ソ派と親中派の壮絶な確執があったことが分かる。前述したように、マルクス主義＝共産主義＝階級対立＝善悪二元論という構図を考えれば、朝日新聞を善、自民党政府を悪とする単純な善悪二元論で政府攻撃を繰り返しているのも分かる。しかし、朝日新聞の特異性は、それが「反保守主義」などという形にとどまらず、「何が何でも日本と日本人を貶めたい」という暗い情念に突き動かされているように見えることだ。この朝日新聞という組織に通底する暗い情念と執念を「自己愛性パーソナリティ障害」などの精神分析的アプローチだけで説明できるだろうか？　朝日新聞社の多くの個人とその集合体としての組織がそのような症状を呈していることは今回の経験からも理解できるが、私にはそれ以外の要素が働いているとしか思えないのである。

朝日新聞が「吉田清治の慰安婦奴隷狩り証言」について全く裏取りを行わずに事実として

キャンペーンを張っていたことは厳しく批判されているが、長谷川の著書を読むと、朝日の社員はそもそも裏取りをする気がまったくなかったことが分かる。検証取材すべきではないかと言われても、強制連行説に学者グループから疑義が呈されても、かたくなに独自取材しようとはしなかった。

私は、朝日新聞は裏取りをしたくなかったのではないか、と想像する。つまり、下手に裏取りなどして、嘘と分かってしまえば使えなくなって、せっかくのネタを失ってしまう。それならば、嘘とバレない限りは事実として使い切る方が正しい。日本と日本人をとことん貶めるという目的には合致《がっち》している。事実かどうかは重要ではない。だから、裏取りなどしない方が合理的なのだ。つまり、事実の探求というジャーナリズムの本質よりも、政治的目的が優先されてしまうのである。

これと類似した現象を長谷川は朝日新聞社記者だった松井やよりの行動の中に発見する。1980年代前半に朝日新聞社アジア総局員としてシンガポールに特派されていた松井は日本軍占領下の英領マレーで日本軍が犯したという住民虐殺を告発する記事を書いていた。松井は、中国で日本軍が実施したという三光作戦（殺しつくし、焼きつくし、奪い尽くす）をマレー半島でも実施したと強調していた。日本兵が「赤ん坊を空中に放り投げ、落ちてくるところを銃剣で突き刺し、足で踏みつけて銃剣を抜いた」と伝える記事を覚えている方もいるだろう。

しかし、90年代に入って現地を取材した長谷川は違和感を覚える。松井が綿密に事実検証をした形跡が見つからないのだ。それどころか、取材先の華人から衝撃的な証言を聞くことになる。長谷川に話しかけてきた華人の中年女性はこのように言ったという。

「シンガポールにいるという日本の朝日新聞の女性記者が、虐殺は日本軍がやったことにしておきなさい、かまわない、と言ったんです」

そして、その女性の名前を「マツイ」と述べた。（前掲書83頁）

長谷川は松井の豹変《ひょうへん》ぶりに衝撃を受けた。なぜなら、長谷川は以前、松井と公害病の実態を追いかけたことがあり、その時の松井は地道に事実を検証するまっとうなジャーナリストだったからだ。それにもかかわらず、こと対象が旧日本軍となると、検証することもなく悪と断定し、「事実」ではなく、「自らが好むストーリー」を拡散することに血道をあげる。これを長谷川は朝日新聞に顕著なパブロフの犬的反応だという。確かに、吉田清治キャンペーンと全く同じ反応だ。

松井は朝日新聞退社後、反日的政治活動を激化していく。通称「バウネット・ジャパン」

と呼ばれる「『戦争と女性への暴力』日本ネットワーク」という組織ができて、その初代会長となり、２０００年（平成12年）には東京で４日間にわたる「日本軍性奴隷制を裁く女性国際戦犯法廷」なるものを開催して、強姦と性奴隷制について昭和天皇を有罪とした。海外から多くのゲストと報道陣を招いたこの模擬法廷イベントの準備の為、松井は北朝鮮にも行っていると長谷川は指摘する。すでに横田めぐみさんなど大勢の日本人の拉致《らち》が明らかになっていたにも拘わらず、だ。

この戦犯法廷なる壮大なプロパガンダを朝日新聞が熱心に応援したことは言うまでもない。また、長谷川が偶然電車内で再会した松井と交わした会話によれば、松井が国連に提出されたクマラスワミ報告やマクドゥーガル報告書にも絡《から》んでいたらしいことが窺《うかが》われる。この不可解ともいえる松井の行動は、吉田清治という詐話師の作り話を検証もせずにばら撒き続けた朝日新聞の行動と一致する。朝日新聞の体質と言ってもいいのだろう。

それを念頭に、ここで80年代以降の不祥事の主なものを振り返ってみよう。

①アザミ珊瑚事件
②吉田清治慰安婦虚報事件

③福島第一原発吉田所長事件
④英語慰安婦性奴隷印象操作事件
⑤記事隠蔽《いんぺい》メタタグ事件

アザミ珊瑚事件は議論の余地のない完全な捏造である。吉田清治の一件も、捏造したのは吉田であっても、その作り話を全く検証せずにばら撒き続け、虚偽と分かった後も撤回もせずに長年放置したという意味で、〝捏造幇助《ほうじょ》〟と言われても仕方がない悪質な行為だ。福島第一原発の吉田所長の調書をめぐる一件も、自らが望むストーリーに合致するように切り貼りする悪質な行為であった。

つまり、これらは「誤報」ではない。誤報とは記事を書いた時点では正しいと思っていたが、後から間違いだと気付くケースだ。これらはそれとは根本的に異なる。「完全な捏造」「捏造を検証せずにばら撒く」「切り貼りして事実を捻《ね》じ曲げる」などの行為であり、報道を装った工作と言った方がより適切だろう。

そして、いずれのケースでも最後は謝罪に追い込まれているが、たとえ虚偽が明らかでも、徹底的に追い詰められるまでは決して謝罪しようとはしない。最後の最後まで抵抗しようとする。これもまた、誤報ではないことの証左だ。単純な誤報なら、いかに早く謝罪して撤回するかが社の信用維持にとって最重要だからである。

そして、今回、ケントさんと私が朝日新聞の行動様式として告発したのが次の二点だ。

1. 撤回に追い込まれたら別の攻撃方法を実行する。具体的には、日本語では謝罪した振りをしておいて、英語で（慰安婦性奴隷の）印象操作を実行する。

2. 自社にとって不都合な事実は、あらゆる手段で隠蔽する。

我々の指摘に対し、朝日新聞は修正要求を拒否しながら、納得のいく説明を提供することが全くできなかった。ゆえに我々はこのように結論せざるを得ない。推論ではなく、地道に粘り強く議論した末の結論だ。

これらの朝日新聞の行動様式に通底するものは何か？　それは「どんな手段を使ってでも日本と日本人を貶めたい」という暗い衝動だ。では日本を悪魔化し、孤立させることで利を得る者は誰だろうか。それは日韓、日米、日豪などの連携を分断したい勢力だ。

これではっきりする。今まで我々日本国民が見てきた朝日新聞の数々の不祥事は、決して偶発的な誤報ではない。そこには一貫した共通性があるのだ。

この共通性を遡ると、ある概念に突き当たる。「敗戦革命」だ。

かつて、朝日新聞社社員の尾崎秀実《ほつみ》は、ソ連コミンテルンの工作員として「日中戦争を泥沼化させ、日本と米英を戦わせ、日本を壊滅させ、敗戦の混乱に乗じて共産主義革命を実現する」という「敗戦革命」実現のために赤軍のスパイであったゾルゲと結んで謀略の限りを尽くした。逮捕された尾崎は「日本はほぼ自分が思い描いたように進んだ」と満足げであったという。実際、結果を見れば、尾崎の工作は大成功だった。

そして今、朝日新聞が英語で垂れ流し続けた結果「慰安婦＝強制連行された性奴隷」という虚偽が世界中に流布《るふ》され、日韓関係は戦後最悪である。近年は慰安婦問題には黒幕であった中国が自ら乗り出してきた。サンフランシスコではビルボードに巨大な慰安婦像の写真が掲げられ、慰安婦像をデザインした何十本ものバナーがはためく。木佐が指摘するように、朝日新聞やいわゆる進歩的文化人は「日本は謝り続けるのが良い」と主張する。しかし、日韓併合時代を知っている世代が存命の間、日韓関係はむしろ良好だったのだ。それに対して、朝日新聞の吉田清治キャンペーン以降、日韓関係は悪化の一途をたどり、最近の韓国政府の所業はそれこそ精神病理学的アプローチが必要なぐらい異常なものになっている。これには様々な要素が絡んでいるとはいえ、総じて朝日新聞の工作が成功したと言ってよいだろう。尾崎の魂は朝日新聞に宿り続けている。

結論。朝日新聞を報道機関と捉《とら》えるべきではない。事実の検証と報道よりも、マルクス主義的イデオロギーと工作を優先する体質をずっと維持してきた特異な組織体だ。マルクス主義が世界的に退潮した今もなお、その基本的体質を維持し、自ら改善することはもちろん、外部からの修正要請に応じることもできない。たとえどんなに論理破綻《はたん》していてもだ。

これまでに、朝日新聞のそのような体質を鋭く批判する良書は数多く存在する。しかし、この本の特質は、数度にわたる朝日新聞とのコレスポンデンスにより、彼らの本質を彼ら自身の言葉で描き出したことだ。それはこちらの解釈が介在しない一次資料と言ってよい。それぞれの読者に自律的に判断してもらいたい。

我々は、朝日新聞こそが戦後の日本人が抱える精神的病の凝縮《ぎょうしゅく》であり、日本人が「戦後敗戦レジーム」を克服する為に、どうしても乗り越えなくてはならない障害であることを証明できたと考えている。この本を読むことで多くの日本国民が覚醒し、今の日本が直面する戦後最大の国難を乗り切る一助となれば存外の幸せである。

解説　大西達夫弁護士（朝日・グレンデール訴訟弁護団）

朝日新聞の慰安婦報道をめぐる集団訴訟の経過

今回、山岡鉄秀さんとケント・ギルバートさんによる「朝日新聞慰安婦英字報道表現変更申入れ」の立会人として、私はお二人の朝日新聞社訪問に同行しました。こちらの意見を静かに聞いていた朝日新聞社の広報部の方々の様子に、「何らかの進展があるのではないか」とのかすかな期待も持ちましたが、回答書によって裏切られた格好になってしまったのは、これまでのお二人のやり取りを読んでいただいたとおりです。

私が立会人となったのは、山岡さん、ケントさんに「朝日・グレンデール訴訟」で御協力いただいた経緯があり、お二人からの「日本の国内法的な観点から、申入れの正当性に関する検証も経た形としたい」旨《むね》の依頼があったからでした。

今回の申入れの前提に、平成27（2015）年以降、株式会社朝日新聞社を被告とする損害賠償等の請求訴訟として提起された、次の三つのグループによる集団訴訟がありました。

①「朝日新聞を糺《ただ》す国民会議」による訴訟（平成27年1月・東京地裁に提訴）
②「朝日新聞を正す会」による訴訟（ⓐ東京地裁・平成27年1月提訴　ⓑ甲府地裁・平成28年8月提訴）
③「朝日・グレンデール訴訟」（平成27年2月・東京地裁に提訴。私自身はこの訴訟の原告弁護団に控訴審の段階から参加しました。）

三つとも、慰安婦問題に関する誤報を中心に朝日新聞社の不法行為責任（民法709条）を問うものではありますが、それぞれの訴訟の法律構成は微妙に異なります。

その違いをごく簡単に解説すると、まず①「朝日新聞を糺《ただ》す国民会議」による訴訟は、「原告らを含む誇りある日本国民」が「集団強姦犯人の子孫との濡れ衣を着せられ」、「日本国及び日本国民の国際的評価」が著しく低下したことによる「原告らの国民的人格権・名誉権」の侵害、つまり〝集団としての日本国民〟の名誉が毀損《きそん》されたことを主張したものでした。

②「朝日新聞を正す会」の訴訟は、朝日が長年にわたって慰安婦問題に関する誤報を放置したことで「国民の知る権利」が侵害されたという被侵害利益の主張を行なったものです。

③「朝日・グレンデール訴訟」では、①と同様に、「日本人としてのアイデンティティと歴

史の真実を大切にし、これを自らの人格的尊厳の中核に置いて生きている日本国内外に居住する日本人」に対する集団的名誉毀損という法律構成の立て方もしましたが、それに加えて、米国の3州に居住する人種的マイノリティである日本人の名誉・信用を傷付け、グレンデール市の慰安婦像設置を阻止しようと公聴会に出席した在米原告が公然と侮辱されるなど、在米原告らに対する具体的な嫌がらせ・いじめ・脅迫等の被害が発生していることを主張立証し、個人の特定された被侵害利益が実際に明確な形で存在することをもって、朝日新聞による不法行為の要件事実を満たしていると主張しました。

各訴訟における被告朝日新聞社による主な反論の内容は、次のようなものでした。

①「朝日新聞を糺《ただ》す国民会議」による訴訟での被告側反論

・朝日新聞の慰安婦問題に関する一連の記事は、慰安婦を強制連行したとの吉田〔清治〕証言を紹介し、あるいは慰安婦が女子挺身隊員の名で動員されたかの印象を与えるものであるとしても、今から70年以上も前の戦時下の事実についての報道であり、これによって現在の日本国民一般の社会的評価が低下するとはいえない。

②「朝日新聞を正す会」による訴訟での被告側反論

・国民の知る権利とは、主権者としての国民の、国政関与についての政府に対する権利であるから、国民には、私人である報道機関に対する法的権利としての知る権利はなく、法律上保護されるべき原告らの具体的権利・利益の侵害は認められない。

③「朝日・グレンデール訴訟」での被告側反論

・①「朝日新聞を糺《ただ》す国民会議」による訴訟での反論と同旨。

・在米原告らが米国において侮辱、嫌がらせやいじめを受けたとしても、それらは在米原告らに対して侮辱等を行なった者の行為であり、慰安婦を強制連行したとする吉田証言を紹介し、挺身隊と慰安婦とを混同したとされる被告による本件各記事の報道に起因するものとはいえない。

三つの訴訟で、各裁判所はそれぞれ次のとおり判断し、各訴訟の原告らの請求(①・③の訴訟では損害賠償と謝罪広告請求、②の訴訟では謝罪広告請求のみ)をいずれも棄却する判決が確定しました。

①「朝日新聞を糺《ただ》す国民会議」による訴訟での裁判所の判断

【第一審:東京地裁平成28年7月28日判決】

・「本件各記事は、吉田証言や元慰安婦であるという女性の体験談等の紹介を通じて約70年前の第二次世界大戦中の旧日本軍の朝鮮半島における非人道的行為を報じ、その被害者に対する日本政府によるいわゆる戦後補償が不十分であることを示唆するものであるが、その報道・論評の客体は、当時の旧日本軍ひいては大日本帝国ないし日本政府であり、原告らを始めとする特定の個々人を対象にしたものではない」から、原告らの名誉が毀損されたとはいえない。

・「旧日本軍の行為について誤った内容の報道がされたことにより大日本帝国又は日本政府に対する批判的評価が生じることがあるとしても」、日本国民という集団を構成する「個々人に保障される人格権等を侵害すると解することには飛躍があり、上記のような報道をもって当該国家に属する国民の憲法13条で保障される人格権等を侵害するものと解することはできない」

【控訴審：東京高裁平成29年9月29日判決〔確定〕】

・一審判決をおおむね引用。

・次の判断を追加。

「本件各記事の内容からして、日本人であることに誇りを持つ控訴人らが、その自尊感情を傷つけられたと感じたであろう可能性は否定できないとしても、これにより控訴人（一審原告）ら個々人の客観的な社会的評価たる名誉が毀損されたとまで認めることはできない」

②「朝日新聞を正す会」による訴訟での裁判所の判断

【第一審：ⓐ東京高裁平成28年9月16日判決】

・「新聞社がどのような内容を報道するかは、表現の自由の保障の下、公共の福祉の適合性に配慮した新聞社の自律的判断にゆだねられているのであるから、過去の報道内容に事後的に疑義が生じた場合であっても、訂正報道の要否、時期、内容、方法、裏付調査の程度等、さらには場合により第三者委員会による検証の実施については新聞社の自律的判断にゆだねられ、同様に、報道予定の内容に疑義がある場合であっても、疑義ある旨を併せて報道するかなどの報道内容等についても新聞社の自律的判断にゆだねられると解すべきである」から、一般国民の知る権利を被侵害利益とする損害賠償請求を認めることはできない。

【ⓑ甲府地裁平成29年11月7日判決（確定）】

・ⓐ判決と同旨
・「報道機関が、過去の報道が事実に反するにもかかわらず、訂正報道等をせず、誤報の疑いに対して調査等の必要な対応をしないような場合であっても、そうした姿勢に対しては、社会的な信用や影響力の低下等の社会的な評価に委《ゆだ》ねるほかないというべきである」
【ⓐ判決の控訴審：東京高裁平成29年3月1日判決】
・ⓐ判決をおおむね引用。
・次の判断を追加。
「既報の記事の事実関係に合理的な疑義が生じたら速やかに検証を行うこと、疑義が晴れなかったときはその旨を報道すること、記事の事実関係に合理的な疑義が呈されている場合はその旨も併せて報道することは、報道機関の倫理規範の一つのモデル案となり得るものである」が、「これを怠ることが読者や一般国民に対する関係で違法行為になるというには、無理があるというほかない」
「いかなる倫理規範を自らに課するかという点は、各報道機関の自律的判断に委ねられ」、「倫理規範の制定の有無やその実際の運用状況は、各報道機関に対する世論の評価の対象となり、各報道機関の社会的影響力や社会的信用性の増減の一つの原因となる」

【ⓐ判決の上告審：最高裁平成29年10月24日第三小法廷決定】

・上告棄却・不受理。

③「朝日・グレンデール訴訟」での裁判所の判断

【第一審：東京地裁平成29年4月27日判決】

・①「朝日新聞を糺《ただ》す国民会議」による訴訟の第一審判決とおおむね同旨。

・「在米原告らは、グレンデール市に慰安婦像が設置されることを阻止しようと同市公聴会に出席した在米原告〇〇及び在米原告〇〇が同市の元市長から『今日来ている日本人は歴史を学んでいるのか』、『これは日本が認めていることだ』、『日本には歴史を修正する輩《やから》がいる。バターン死の行進、南京大虐殺を知っているのか』などと公然と侮辱されたこと、フォートリー市に慰安婦の碑が設置されることを阻止しようと設置に反対する署名運動を呼びかける新聞広告を掲載した在米原告〇〇が見知らぬ人物から『これからまたあのような宣伝を載せるのであれば、それなりの覚悟をしてやってください』、『男だったらジジイでもボコボコだったのによかったですね、歳いったおばあちゃんで』と書かれたメールを送られるという嫌がらせや脅迫を受けたこと、在米原告〇〇が助産師として出産に関わった子がクラスメイトから『テロリスト』、『レイピスト（強姦者）』と言われたりチームメイトからハイタッチを拒まれたりするなどのいじめを受けたこと、在米原告○○が僧侶として宗教活動を行うに際して地域社会の分断と対立に起因する困難に直面したことが認められる」

・そうすると、「被告の本件各記事掲載が、在米原告らがいう国際社会、具体的には国連関係機関、米国社会や韓国社会などにおける慰安婦問題に係る認識や見解あるいはその一部に対し、何らの事実上の影響をも与えなかったということはできない」が、「被告の本件各記事掲載と在米原告らの具体的被害との間には、被告とは別個の行為者の故意行為が介在しており、それは被告の本件各記事掲載と在米原告らの具体的被害との間の因果の流れの一部とみることができないのであるから、在米原告らの具体的被害を被告の本件各記事掲載行為の結果として評価することはできない」。

【控訴審：東京高裁平成30年2月8日判決（確定）】

・一審判決をおおむね引用。

・次の判断を追加。

「クマラスワミ報告は、吉田証言を唯一の根拠とはしておらず、元慰安婦からの聞取り調

	原告らの主張	被告朝日新聞社の主張	裁判所の判断	
			第一審	控訴審
①「朝日新聞を糺す国民会議」訴訟	朝日新聞の慰安婦報道により、日本国民が「集団強姦犯人の子孫との濡れ衣を着せられ」、集団としての日本国民の人格権・名誉権を侵害。	70年以上前の戦時下の事実の報道によって現在の日本国民一般の社会的評価が低下するとはいえない。	朝日新聞の慰安婦報道の客体は、当時の旧日本軍等であり、特定の個々人を対象にしたものではないから、原告らの名誉を侵害しない。	控訴人ら個々人の客観的な社会的評価たる名誉が毀損されたとは認められない。【控訴審で確定】
②「朝日新聞を正す会」訴訟	朝日新聞の長年にわたる慰安婦問題の誤報放置により「国民の知る権利」を侵害。	国民の知る権利は政府に対する権利。私人である報道機関に対する法的権利ではない。	訂正報道の要否、内容等は新聞社の自律的判断にゆだねられる。【(b)判決は第一審で確定】	記事の事実関係の合理的な疑義の速やかな検証等は報道機関の倫理規範のモデル案となり得るが、怠っても一般国民への違法行為とはいえない。【(a)判決は上告審で確定】
③朝日・グレンデール訴訟	朝日新聞の慰安婦問題の誤報により、歴史の真実を人格的尊厳の中核に置く日本国内外の日本人の名誉を毀損。在米原告らに具体的な嫌がらせ・脅迫等の具体的被害が発生。	在米原告らの具体的被害は侮辱・嫌がらせ等を行なった者の行為であり、慰安婦強制連行に関する吉田証言の紹介記事や「挺身隊≒慰安婦」の混同とされる記事の報道に起因するものではない。	朝日新聞の本件各記事掲載は、国際社会等の慰安婦問題への認識に何らの事実上の影響も与えなかったとはいえないが、在米原告らの被害との間には、因果の流れの一部とはいえない別個の故意行為が介在するから、在米原告らの被害を被告の本件各記事掲載行為の結果として評価できない。	本件各記事の掲載等が、直ちに20万人・強制連行・性奴隷説の風聞形成に主要な役割を果たしたと認めるには十分ではない。仮に在米控訴人に嫌がらせ等を行った第三者が本件各記事により日本人に否定的評価を持ったとしても、在米控訴人らの被害と本件各記事の掲載等との間の相当因果関係は認められない。【控訴審で確定】

査等をもその根拠としていること、米国下院決議121号の決議案の説明資料には吉田の著書は用いられていないこと、米国各地では、韓国系住民が慰安婦の碑等の設置を各方面に働きかける運動を展開していること、韓国においては既に昭和21年頃から慰安婦についての報道がされていたことが認められるのであるから、本件各記事の掲載等が、直ちに控訴人(一審原告)らがいう20万人・強制連行・性奴隷説の風聞形成に主要な役割を果たしていると認めるには十分ではないというべきである」

「在米控訴人らに対する嫌がらせ等を行ったのは被控訴人(朝日新聞社)とは異なる第三者であり、第三者がどのような思想、意思を形成して、どのような行動をとるかは当該第三者の問題であることをも考慮すれば、仮にこれらの者が本件各記事を閲読するなどして日本人に対する否定的評価を持ったとしても、本件各記事の掲載等と在米控訴人らが被《こうむ》ったという被害との間の相当因果関係を認めることはできない」

「被控訴人の誤報に基づく風評被害の現状として、ブルックヘブン市等における慰安婦像、碑の建立、サンフランシスコ市における慰安婦の日の制定、慰安婦が性奴隷であるとする内容の文書についての世界記憶遺産への登録申請、中国研究者が主張する『慰安婦40万名説』等(中略)、韓国挺身隊問題対策協議会が日本大使館前に少女像を設置し集団示威《じい》行動を益々激化させ、吉田の長男による謝罪碑書換えに関与した奥茂治が建造物侵入罪・公用物件損壊罪で起訴されたことなど」の「事実があるとしても、本件各記事の掲載等が控訴人らに対する名誉毀損の不法行為にはならないとの判断を左右するものではない」

三つの訴訟で争われた法律的な論点について少し解説します。

まず①「朝日新聞を糺す国民会議」訴訟や③「朝日・グレンデール訴訟」で争点となったのは、「日本国民」という集団に対する名誉毀損が成立するか否かという問題でした。

名誉とは、人（個人・法人問わず）が社会的に受ける評価であり、人の社会的評価を低下させる表現行為が名誉毀損とされます。そして、不法行為の成立要件である「法律上保護される利益」（法的利益）の侵害としての名誉毀損に該当するためには、『特定の』人の社会的評価を低下させる被害を発生させることが必要とされています。そのため、ある国家に属する国民全体（『日本人』、『日本国民』）という程度の社会的集団まででしか被害者を特定できない場合には、法的な名誉毀損は認められない、というのがこれまでの判例です。特定の範囲の被害者として予見可能な範囲を超えた社会的集団全体（例えば『ＬＧＢＴの人々』といった程度にしか特定できない集団）に対する損害賠償や謝罪広告を法的に強制することは、表現の自由に対する過度な制約となりかねないからです。我々の原告弁護団（③訴訟）では、このハードルを越えるために、国内の原告らのみならず在米原告らが被った具体的被害の主張立証に注力しました。

一方で、在米原告らが被った具体的な被害（嫌がらせ・脅迫等）に焦点を当てることには、行為（朝日新聞の慰安婦問題に関する誤報）と結果（具体的な被害）との間に介在する様々な事実関係によって、不法行為の別の成立要件である相当因果関係が果たして認められるのか、という別の争点を顕在化させてしまうジレンマもありました。

相当因果関係とは、㋐条件関係＝『Aという行為がなければBという結果なし』という事実的因果関係が存在するだけでなく、㋑相当因果関係＝社会通念上、Aという行為からBという結果が生じることが相当であると考えられる場合にのみ、法的因果関係を認めるとする法律上の概念のことをいいます。法の趣旨（ここでは損害の公平な塡補《てんぽ》）から考えて、『風が吹けば桶屋が儲かる』式の因果関係（条件関係）の存在だけで損害賠償等を法的に義務付けるのは、不法行為責任の範囲を過度に広げ過ぎ、法的責任に関する予測可能性を損なうので、相当因果関係の存在まで満たすことが求められます。そして、例えば行為Ⓐと結果Ⓑとの間に第三者の故意行為(A')が介在したような場合には、原則的に行為Ⓐと結果Ⓑとの間の因果関係は切断され、相当因果関係は認められないとするのが判例・通説です。
③「朝日・グレンデール訴訟」において、我々原告側の主張立証は、在米原告らの具体的被害の発生事実が判決理由中で認定されたという点では奏功しました。しかし残念ながら、この因果関係のハードルを越えられず、在米原告らに嫌がらせ等を行った第三者の行為(A')の介在を理由として、朝日新聞の慰安婦問題に関する記事掲載Ⓐと上記被害発生Ⓑとの間の相当因果関係は否定されてしまいました。
一方、②「朝日新聞を正す会」訴訟は、『国民の知る権利』を不法行為の被侵害利益とする、かなり独自の法律構成を主張したものでした。国民の知る権利は、表現の自由（憲法21条1項）により保障されている国民の政府に対する情報開示請求権であると理解されており、情報公開制度の根拠となる概念ですが、私人同士である読者・視聴者と報道機関との間において、前者が後者に対して一定の情報（訂正記事等）の掲載を法的に請求できる権利とは理解されていません。私企業の雇用差別における平等原則違反など、憲法上の規定の趣旨を私人間の法的紛争の場面でもある程度考慮する「憲法の私人間効力」という理論もありますが、③訴訟の原告側がこの観点からの主張立証に注力した形跡は、判決文からはうかがわれません。

このように三つの訴訟は、残念ながら、いずれも裁判の結論（判決主文）としては請求棄却で確定してしまいました。しかし、それぞれの判決理由の中では、今後の対朝日運動につながる成果を上げることができました。

我々が担当した③「朝日・グレンデール訴訟」の判決理由では、不法行為の要件としての法的因果関係（相当因果関係）を否定しつつ、朝日新聞の誤報が国際社会等の慰安婦問題への認識に与えた「事実上の影響」、つまり事実的因果関係については、〝霞が関文学・司法版〟とでも言えそうな控え目な表現ながら、肯定しています。

また、個人的印象では②「朝日新聞を正す会」の訴訟が、最も原告側の主張が裁判所に認められにくい法律構成を採用していたと思いますが、結果的に裁判所の判決理由として『過去の報道内容に疑義がある場合は、むしろ報道機関の自律的判断において訂正報道等の必要性を考えるべきであり』、『疑義の速やかな検証とその報道は報道機関の倫理規範のモデル案となり得る』という判断を引き出しました。

これらの判決理由中の判断に共通する要素として、『国家の名誉・信用を傷付ける過去の歴史的事実に関する誤報の是正と被害の回復については、裁判所での司法的救済によって決着をつけるのではなく、報道機関の倫理として、自律的に責任を果たすべきだ』というメッセージが読み取れます。

今回の「朝日新聞慰安婦英語報道表現変更申入れ」も、これらの訴訟で発せられた裁判所からのメッセージを踏まえた上で、司法によって朝日新聞社の法的責任を認めてもらうという方法ではなく、朝日新聞社自身に、報道機関としての自主的・自律的な是正措置を求める姿勢への方向転換をしたものです。

山岡さんも折に触れて主張されているように、「公の場で、堂々と、正面から論争し、その経緯も結果も、全てオープンにする」ことで、朝日新聞側に変化を促《うなが》そうという方針を採っています。

朝日の反省は不十分

裁判とは違う場での、今回の朝日新聞社の主張をどう捉《とら》えるべきか。弁護士の立場からすると、朝日新聞の問題をより客観的に捉えるために、昨今の官民における〝組織不祥事〟に共通する問題として考察してみる必要があります。

企業不祥事が発覚した場合の、企業のリスク対応の常道としては、「世間の予測の範囲を超えて自発的に責任を取り、再発防止に努める姿勢を示すこと」が求められます。『どうせこの程度でお茶を濁すと思っていたのに、こんなに厳しい対処をするのか』という、いい意味で世間の期待を裏切るほどの対応をして初めて、不祥事に対する国民や社会からの寛恕《かんじょ》の念を呼び起こし、バッシングや批判が沈静化する方向に向かうのです。

その点で言えば、一連の慰安婦問題に対する朝日新聞社側の対応は、『あの朝日新聞がここまで自らの非を認めて反省し、悔い改めたのか』というインパクトを与えるものでは到底ありません。平成26年8月5、6日には確かに大きく紙面を割《さ》いて検証記事を掲載しました。また、英語報道についても、朝日新聞社は今回の申入れに対して「英語による解説記事を自社サイトに掲載している」と回答しました。しかし、山岡さんやケントさんが再三批判するとおり、朝日新聞の英字ウェブサイトでは、現在でも"forced to provide sex"、すなわち「軍隊による物理的な強制で性行為を強《し》いられた」という印象を強く与え、「性奴隷」を想起させる英語表現を使い続けています。

朝日新聞社からの回答には、このような誤った印象操作を放置し続けている自らの責任への言及はなく、これでは極めて不十分と言わざるを得ません。

勝訴は免罪符ではない

ましてや朝日新聞は報道機関です。裁判において法的な不法行為の要件に該当しなかったとしても、報道機関としての倫理的・道義的な問題として、朝日新聞の主張はあまりに自身の影響力や責任を過小評価したものです。

裁判所は確かに、朝日新聞社に対して法的責任を否定する判決を言い渡しました。そもそも報道の自由が尊重される報道機関の法的な責任を認めるハードルは、かなり高い。しかし、だからといって司法が朝日新聞に対して『報道機関として自主的・自律的に誤解の是正・払《ふっ》拭《しょく》の措置を執るべき道義的・倫理的必要性』までも否定したわけではありません。

むしろ、『報道機関としての自律性の観点から、自身の判断で誤解の払拭の必要性と程度を判断すべきだ』というのが各裁判所の判断に共通するメッセージだと理解できますし、報道倫理としてはまさにそう理解すべきなのです。

朝日新聞社は自社の新聞に訴訟の結果を掲載し、また広報部の公式ツイッターアカウントが「慰安婦報道を巡り弊社を訴えた裁判がすべて、弊社の勝訴で終結した」とツイートしています。しかし、ただ勝訴の結果ばかり強調するのでは、朝日新聞の論調や姿勢に疑問を持っている人々からすれば『開き直り』に見えてしまう。

私も弁護士として企業や組織の方々に「当方の法的な責任が否定されたからと言って、あまり勝訴の結果を過大評価しないほうがいいですよ」とアドバイスすることもあるのですが、朝日新聞社の場合には、『法的な責任』と『道義的・社会的な責任』を区別する視点に乏しく、『謝ったら法的な責任の追及につながるのではないか』という懸念に過度にとらわれているのかもしれません。

しかし、朝日新聞は慰安婦問題等に関して、政府に対して『謝罪が大事だ』と言い続けてきたわけですから、我が身に置き換えて考えてみれば、見えてくるものもあるのではないでしょうか。

また、朝日新聞の北野隆一編集委員も、『フェイクと憎悪』（大月書店）に先の三つの訴訟についての総括記事を寄せ、「朝日新聞社の法的責任を否定」、「朝日の記事が国際的に影響したとする原告側主張に対しても、相当因果関係や『主要な役割』を否定する司法判断が確定した」としています。

しかし、繰り返すように、裁判所は『朝日新聞による自主的な誤解の是正・払拭』の倫理的責任までも免除したわけではありません。

仮に法的な被侵害利益としては認められなかったとしても、朝日新聞の一連の吉田証言報道があったからこそ、ここまで慰安婦問題が外交問題化し、日本国・日本人の国際的な名誉・信用に悪影響を与えたことは明らかです。

先にも解説したとおり、裁判所は表現の自由に基づく言論・報道機関の自律性尊重の要請を重視して、『そのような悪影響の是正・払拭を損害賠償・謝罪広告という形で法的に義務付けることまではできない』と判断したにすぎません。一連の司法判断の判決理由をよく読めば、裁判の結論を朝日新聞自身が先のような免罪符に使うべきではないと思います。

朝日は人権を区別する？

また、朝日新聞は今回、一度目の回答書の中で自ら用いていた「人権に配慮し」との文言《もんごん》を、二度目の回答書ではわざわざ削除した回答を送ってきました（229頁参照）。これは山岡さん、ケントさんが『朝日は（一度目の回答書で）人権に配慮してどのような英語表現を使うか判断しているというが、一体『誰の』人権に配慮しているのか』と再質問したことに対する〝回答〟です。

これでは、朝日新聞は自社の報道によって『救われるべき人権』と『そうでない人権』とを区別していると非難されても仕方がない。朝日新聞は当然、否定するでしょうが、そう思われても仕方がない論調になっていると言わざるを得ません。

先の北野編集委員の記事でも、元慰安婦の声や支援活動の紹介に消極的な日本のメディア全体の姿勢を、暗に批判する論調で述べています。しかしこれでは、朝日新聞は、特定の党派的な価値判断に基づいて『救われるべき人権』の主体（ここでは韓国人元慰安婦）を独断で措定《そてい》し、それに当てはまらない人々（例えば海外に広まった慰安婦報道によって不利益を被っている在外邦人）を視野の外に置いている印象を受けてしまいます。

もちろん、このような「党派性」は朝日新聞に限ったことではありません。私が所属する弁護士会でも、やはり第二次世界大戦後の国内外の政治状況・国際情勢の下で、人権擁護を存立目的とする弁護士会の在り方が、朝日新聞の論調に代表される戦後の護憲・リベラル派と呼ばれる言論界の中心勢力と親和性が高かった面があります。

そのため、「人権」に関する朝日新聞を中心とする護憲・リベラル勢力のダブルスタンダードから距離を置き、強制加入の完全自治団体として不可欠な中立性を守ろうとする意識がこれまで乏しかったのではないか、との疑念を禁じ得ません。

それでも、法曹界は言論界ほど、特定の党派的な価値判断に縛られてはいません。私自身、裁判官として8年間裁判所に勤めましたが、個人的イデオロギーや政治信条によって判決が左右されるようなことはまずない。あくまでも紛争当事者の主張する法律構成が事実と証拠によって成り立っているかどうかが重要です。

今回の訴訟の結果に限らず、保守層にとって不満な結論となった裁判所の判決を批判する声の中には、『司法は左寄りがまん延』、『司法が反日勢力に乗っ取られている』などと、司法の中立性を頭ごなしに否定してかかる発想が散見されますが、かつて所属した組織と自分自身の名誉に懸けて言えば、「都市伝説の類《たぐい》」「反日サヨクと同レベルのレッテル貼り」とでも切って捨てるほかありません。

もちろん、いわゆる人権派弁護士を中心とする法曹界出身者の思考や行動が、左翼リベラル系と親和性が高く、実際に護憲運動、反原発活動等の中心を担《にな》っているケースもあるため、傍《はた》から見れば批判を受けやすくなる面はあるでしょうし、国連人権委員会に慰安婦を「性奴隷」(sex slave) と表現する発想を持ち込んだ戸塚悦朗(元)弁護士らの行動などは、当然厳しく断罪されてしかるべきものです。

しかし一方では、「ロースクール世代」の若手弁護士が、過度に政治的な活動の廃止、縮小等の政策を掲げて単位弁護士会の役員選挙に立候補するなど、世代交代に伴う自浄作用ともいえる新しい動きも生まれつつあります（「産経WEST」2018年1月22日記事「弁護士会地殻変動（1）」より）。

記事の〝角度〟がもたらす客観的事実の軽視

これに対して、朝日新聞の場合は、特定の記者や編集委員、論説委員等が、人権問題や差別問題、戦後補償といった特定の分野の報道に関して、特定の党派的信念にとらわれて客観的事実を軽視してしまう傾向があるようにも思います。朝日新聞が平成26年8月に慰安婦報道を撤回した後に設置した第三者委員会の報告書でも、岡本行夫委員の「記事に『角度』をつけ過ぎるな」と題する個別意見において、次のように指摘されています。

「当委員会のヒアリングを含め、何人もの朝日社員から『角度をつける』という言葉を聞いた。『事実を伝えるだけでは報道にならない、朝日新聞としての方向性をつけて、初めて見出しがつく』と。（中略）だから、出来事には朝日新聞の方向性に沿うように『角度』がつけられて報道される。慰安婦問題だけではない。原発、防衛・日米安保、集団的自衛権、秘密保護、増税、等々」（朝日新聞社第三者委員会報告書、92頁）

まさに、山岡さんも言われるとおり、記事に『アングルを付ける』悪癖であり（本書160

頁）、客観的事実を直視した上で公正・中立な報道を行なうべき社会的責任をどれほど自覚しているのでしょうか。

組織全体の責任の自覚を――「新潮45」問題との比較

また、記者一人ひとりが個人事業主的な独立プレーヤーとしての意識を強く持っており、「ある記者が書いた誤報」に対する組織全体としての責任感を感じにくくさせている面もあるようです。先の第三者委員会の報告書でも、吉田証言の撤回が遅れた第一の要因として、次のように指摘されています。（同報告書28頁）

「第一の要因は、当事者意識の欠如である。社会部以外の者は、『あれは社会部がやっていること』であり、不用意に口出しすべきではない、との認識を示し、社会部内でも、『あれはもともと大阪社会部がやっていたこと』と述べる者もいた。さらに、『大阪社会部と東京社会部には壁があった』、『大阪社会部の記事を、東京社会部が取り消すなどということは、ありえない』と言う者すらいた。このように、同じ朝日新聞社内、同じ社会部内であっても、自分が関与していない記事については当事者意識が稀薄であったことが、吉田証言の見直しが遅れた大きな要因と言える」

朝日新聞の組織全体としての当事者意識の欠如に言及した、報告書のこのくだりを読むと、個人的には、つい最近の『新潮45』の休刊騒動を連想してしまいます。

杉田水脈《みお》議員のいわゆる『生産性』論文（『新潮45』2018年8月号所収「LGBT支援の度が過ぎる」）への賛否を問わず、今回の「新潮45」の休刊決定は、言わば編集部や杉田論文とは無関係な多くの寄稿者の頭越しに決定したような印象を与えるものであり、このような新潮社の対応については批判が多く、その批判にはもちろん当たっている部分もあります。しかし他方では、今回の休刊決定は、社会的な批判・非難を浴びる事態を引き起こす記事（私見では、杉田論文そのものよりも、『新潮45』同年10月号の特別企画「そんなにおかしいか『杉田水脈』論文」の方が、いわば火に油を注ぐ致命傷であったと思いますが）を掲載した媒体を発行する出版社の責任の取り方として、最善ではなかったかもしれませんが、少なくとも自社への批判や風評被害の拡大を沈静化させるのには一定の効果があったとみるべきでしょう。杉田論文を非難・糾弾していた多くの論者や社会的勢力にとっても、新潮社が今回、一気にこのような対応に出るということまで具体的には予期していない展開であったように思われます。その意味では、先に述べた組織としての『世間の予測の範囲を超える』自発的な責任の取り方を示した一事例と評価することも可能ではないでしょうか。

今回の新潮社の対応は、編集権の独立、経営と編集の分離といったメディアの原理原則を犠牲にしかねない苦しい決断ではあっても、広く社会的非難を浴びるような記事を掲載してしまった言論・出版機関の倫理的責任を示すことで、企業としての危機管理に万全を尽くすという組織全体の経営判断を優先させたものとみることもできます。その点では、出版社と新聞社の相違はありますが、第三者委員会の報告書で厳しく指摘されている当事者意識の欠如、更には慰安婦の英文表現や検索回避メタタグ問題等への対応において、組織としての責任から逃げているかのような印象を与えてしまう朝日新聞の態度とは、好対照を成していると思います。

誤解の放置で自らも傷つく

第三者委員会の報告書で指摘されている〝記事に『角度』をつける〟報道姿勢、更には組織全体としての当事者意識に欠ける朝日新聞の姿勢は、結果的に朝日新聞自身をも傷つけることになっています。

先ほども指摘したように、慰安婦問題をめぐる朝日新聞批判が（不当なものも含めて）いまだに沈静化しない最大の原因は、朝日新聞の姿勢が『ミスに対してここまでやるのか』という、いい意味での社会的インパクトを与えていないことにあります。

最初に間違った報道をしておきながら、それによる誤解の払拭と真摯《しんし》な反省という責任の取り方を放棄したまま、いつの間にか「広義の強制性」という議論のすり替えに走る姿勢こそが、自らの責任から逃げようとしているかのような印象を広めてしまい、慰安婦問題を始めとする第二次世界大戦に関する朝日新聞の一連の報道の説得力を自ら弱めている面があるのです。

誤報による誤解（旧日本軍による強制連行、「慰安婦」と「挺身隊」が同一であるかのような誤解）を最初に広めた自覚があるならば、自らその誤解を完全に払拭して初めて、同じ問題に関する違う視点（戦場の性や戦時下での女性の人権問題）に取り組んでもよいとの社会的信頼が得られるのではないでしょうか。

朝日新聞自身が国際的な誤解を払拭する努力をしないまま、誤報から20年以上も経過した後になって、たった一度の検証と自社サイトでの説明文の掲示をした程度で『責任は果たした』と強弁するのは、いわば〝汚れた手〟のまま、『別の論点で正当な（と自分達が考えている）

報道をしているからいいだろう』という開き直りであり、報道機関としての信義誠実の原則に反しているのです。

このような朝日自身の自律的反省の欠如の姿勢は、慰安婦問題に特定の思い入れを持たない若手の朝日（新聞・テレビ等）記者への悪質な誹謗中傷《ひぼうちゅうしょう》、朝日の正当に評価されるべき社会的貢献（高校野球等）への行き過ぎた批判、自社ブランドや関連するコンテンツ（アニメ等）のイメージ毀損などといった形で、朝日自身にいわれ無き風評被害を生じさせている。つまり、朝日バッシングの原因に、朝日自身の姿勢があると言わざるを得ないのです。

今回、「申入れ」という形をとり、いわば朝日新聞に「変わるきっかけ」を提供した部分もありました。ネットなどを中心に、朝日批判の声は高まり、「廃刊せよ」、「朝日を潰せ」などという過激な意見まであるのが現状です。私はこれには同調しません。むしろ、朝日新聞自身に姿勢を改めさせ、その取材力や情報の拡散力を有効に使って、国際的レベルにまで広がった慰安婦問題に関する誤解を解いてもらわなければならない。

山岡さんやケントさんは朝日に厳しい姿勢を取っていますが、それでも申入れという形をとったのは、朝日自身が変わることを期待しているからです。『対立・攻撃からヘルプへ』という姿勢を取っているのも、朝日新聞自身が悔い改め、今後は真に日本人のための報道をしてほしい、という思いからです。

朝日新聞社は、日本や日本人の名誉のためというのはもちろんですが、自分達自身の報道機関としての矜持《きょうじ》を保つためにも、自らが発生源となっている「風評被害」を払拭すべく、自身の姿勢を改めて見つめ直すべきではないでしょうか。本解説の最後に、朝日・グレンデール訴訟控訴審において一審原告弁護団の末席に名を連ねる機会をお与えいただいた徳永信一弁護士（弁護団長）、内田智弁護士（事務局長）をはじめとする同弁護団の皆様に心より御礼申し上げます。

〈朝日新聞からの回答〉

2018年11月1日
朝日新聞英語版の「慰安婦」印象操作中止を求める有志の会
ケント　ギルバート様
山岡　鉄秀様

株式会社朝日新聞社
広報部長　後田竜衛

冠省

先月27日にいただいたご要望にまとめてお答えいたします。

ご指摘いただいた点も踏まえ、朝日新聞デジタルなどのウェブメディアや記事データベース、提供している記事の表現などを日々点検し、必要に応じて改善に努めてまいります。

回答は以上です。よろしくお願いいたします。

草々

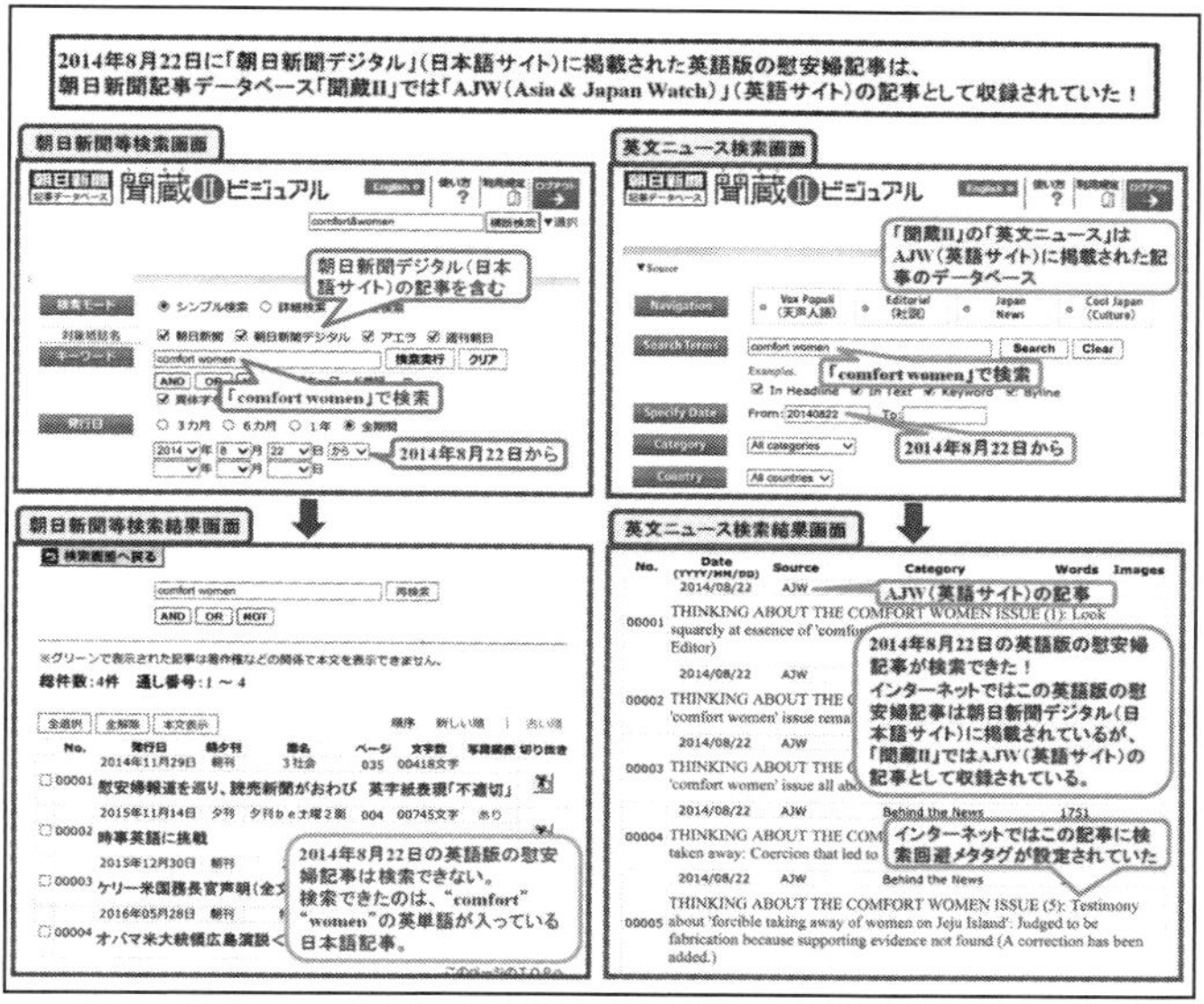

3．御社英語表現と河野談話の齟齬について

御社は英語版記事で慰安婦に触れる際は多くの場合、「慰安婦の多くは朝鮮半島から来ていた」と記載されますが、御社が強制性の拠り所とする河野談話には「慰安婦の出身地については、日本を別とすれば、朝鮮半島が大きな比重を占めていた」とあります。「日本を別とすれば」を削除するのは朝鮮半島出身者が最大と誤解させる印象操作との嫌疑がぬぐえません。今後は正確に「Majority of them were Japanese but many were also from the Korean Peninsula」と表記されることを要望いたします。

以上、11月1日までにご回答ください。よろしくお願いいたします。

草々

公開していたとは言えません。一年を過ぎても公開中の記事は朝日新聞デジタルサイト内で検索できるようにプログラムを変更して頂けますようお願いいたします。

2．御社英語サイト（AJW）とデータベース（聞蔵II）の齟齬について

当方からの「英訳記事は英語サイト（AJW）で掲載すべき」という申し入れに対して、御社は「日本語記事との対照のため」「公開当時は技術的に困難だった」などの理由を述べて拒否されましたが、御社の有料データベース（聞蔵II）では2014年8月22日配信の11本の英訳記事はすべて英語記事として収納されていることがわかりました。閲覧者が限られる有料データベースでは英語記事としてアーカイブされているのに、一般公開されているサイトでは日本語サイトにしか掲載できないとするのは大きな矛盾です。「吉田清治証言撤回」と「慰安婦と挺身隊混同」の二つの記事の英訳版については聞蔵データベース同様に英語サイトに移されることを重ねて要望いたします。

1．問題記事が依然として朝日新聞サイト内で検索できない事実について

先般、検索回避のメタタグは削除していただき、2014年8月5日に配信された日本語記事（慰安婦と挺身隊混同）および22日に配信された英訳記事（吉田清治証言撤回及び慰安婦と挺身隊混同）にグーグル検索で辿り着けるようになりましたが、朝日新聞デジタルサイトでのサイト内検索ではどちらも全くヒットしないことが判明いたしました。

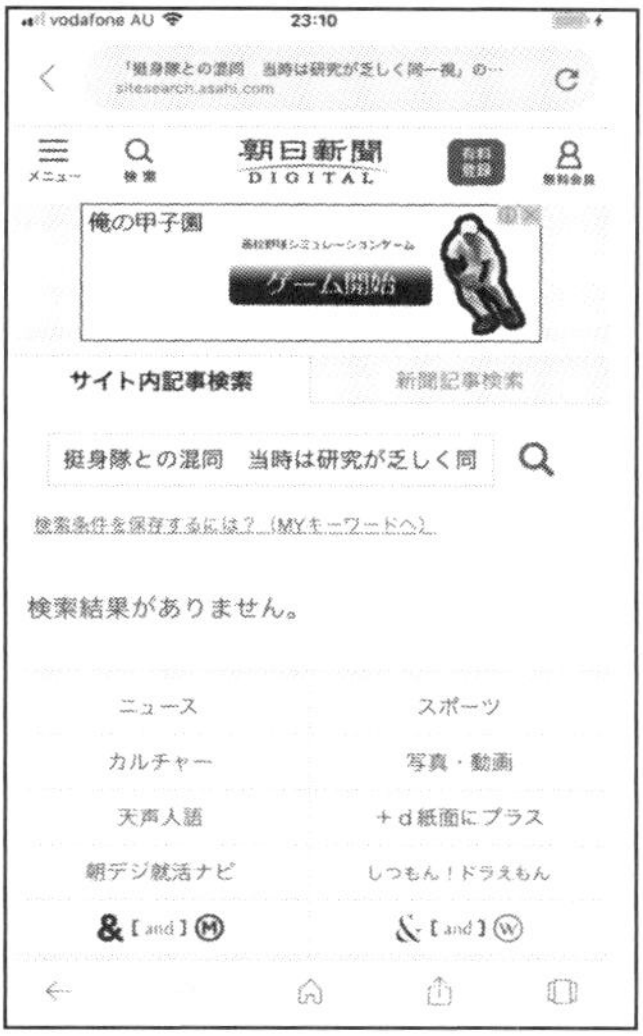

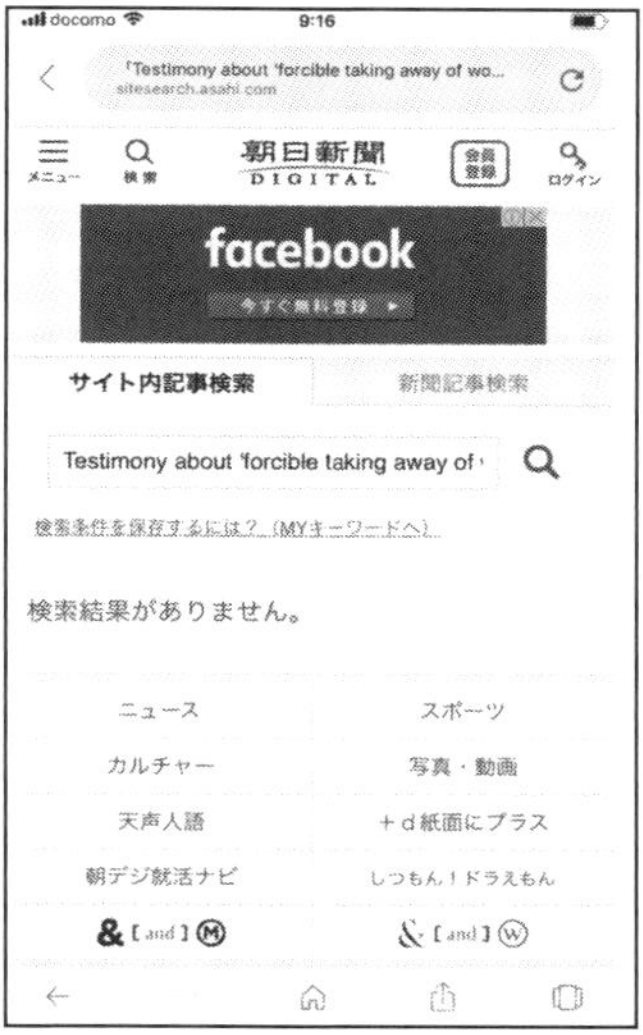

調査してみると、どうやら一連の慰安婦関連記事の他にも記事によっては1年以上公開されており、その選定基準は不明ですが、公開されていても1年を経過した記事は朝日新聞デジタルサイト内検索ではヒットしない仕組みになっているようです。これはあまりにも不自然です。記事が公開されている限りは検索できるようにすべきです。問題の慰安婦関連記事は、たとえメタタグがなくても朝日新聞サイト内では検索不能で、外部からもメタタグで検索できないようにされていたということになります。これでは

9月28日付でいただいたご質問にお答えいたします。

１、日本語記事の公開期限について

【回答】システムの性質上、無期限と定められないので、期限がきたらそのたびに延長していく所存です。英語版と日本語版の期限を合わせることについては、よりよい掲載のあり方を検討します。

２、英訳記事の配置について

【回答】記事公開当時の英語サイトの技術的な制約によって日本語サイトに掲載しました。ただし、英語サイトには日本語サイトの当該ページへの誘導となるバナーを置くことで、ユーザーにご覧いただけるようにいたしました。

今後もユーザーのみなさまのご意見を参考に、よりよい掲載のあり方を検討いたします。

以上です。よろしくお願いいたします。

草々

〈追加要望書（実質７回目）〉

2018年10月29日
株式会社朝日新聞社
広報部長　後田　竜衛　様

朝日新聞英語版の「慰安婦」印象操作中止を求める有志の会
ケント　ギルバート
山岡　鉄秀

冠省

私共はこれまで、御社を批判することよりも、現実に存在する問題を解決することを目的にこちらの論点をできるだけ丁寧に分かり易く示してきたつもりですが、御社の「英語表記に関して独自の解釈を強弁し常識的な指摘を拒否する」姿勢と、私共への回答の中でさえ事実誤認をする態度には驚きを禁じえません。ただし、率直な意見交換ができたことは有意義であったと確信しております。考え方が違っても、言論をもって公明正大に議論するのが民主主義の大原則だと信ずるからです。

お手数ですが、前述致しました下記のふたつの質問にはお答え頂けますようお願い申し上げます。

1．英訳版は公開期限を2100年12月1日としているのですから、なぜ日本語オリジナル版もそれに合わせないのでしょうか？
2．英訳記事は英語圏の読者が読めるようにするのが当然で、誰のためになぜ日本語記事と対比させて日本語サイトに配置する必要があるのでしょうか？

10月5日までにご回答頂けますと幸いです。

草々

〈朝日新聞からの回答〉

2018年10月5日
朝日新聞英語版の「慰安婦」印象操作中止を求める有志の会
ケント ギルバート 殿
山岡 鉄秀 殿

株式会社朝日新聞社
広報部長 後田 竜衛

冠省

避のメタタグ等の存在、また、日本語記事として日本語サイトに置かれているなどの理由により検索できなかったという事実に鑑みれば、記者会見を開いて謝罪しこそすれ、「一貫して全文閲覧できる状態を保ってきた」とは言い難いはずです。そのような状態で公開されていたとは言えません。

また、「ただ、これらの編集作業の過程でメタタグの設定にミスがあり、弊社サイトからではなく一般の検索エンジンから記事を閲読しようとした場合に、検索結果が表示されない設定になっていたことは、ご指摘を受けて初めて気づき、ただちに修正いたしました」とありますが、なぜこの段階でまだ事実誤認をするのか理解に苦しみます。

8月22日付の質問書で指摘させて頂きました通り、ふたつの核心記事に関しては、グーグルなどの一般検索エンジンのみならず、御社のサイト内検索でも検索不能だったのです。（日、英サイトとも）

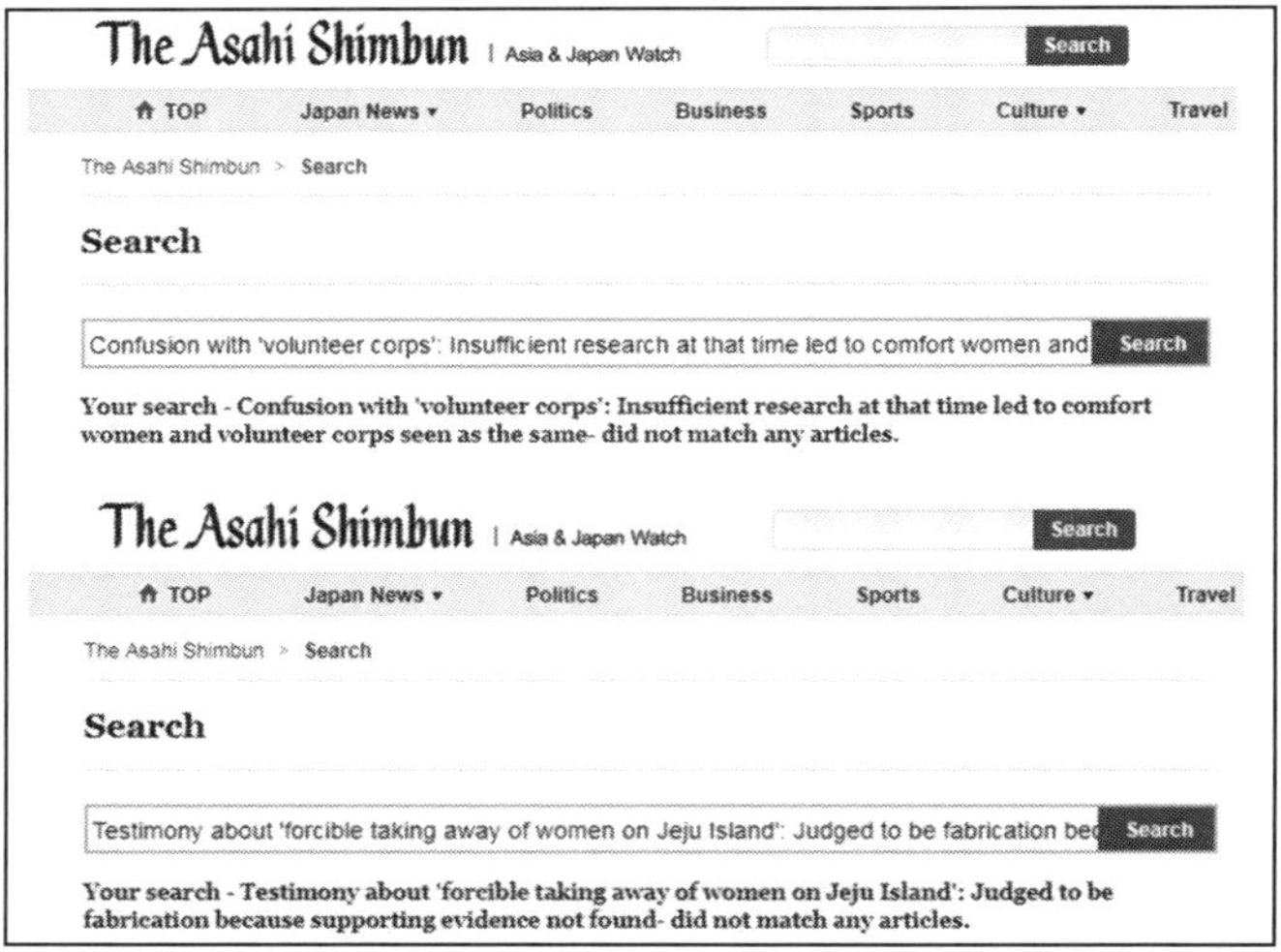

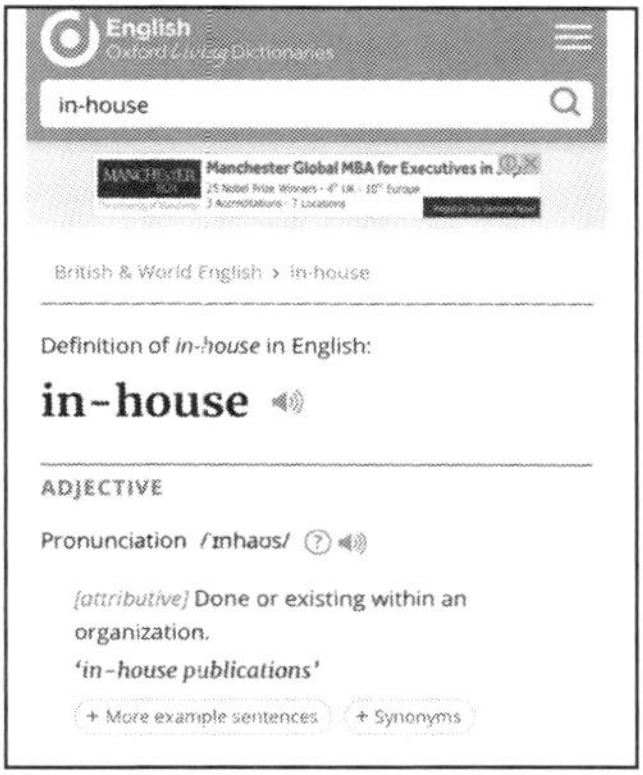

ふたつの英訳記事『"Testimony about 'forcible taking away of women on Jeju Island': Judged to be fabrication because supporting evidence not found"（済州島連行虚偽と判断）"Confusion with 'volunteer corps': Insufficient research at that time led to comfort women and volunteer corps seen as the same"（慰安婦と挺身隊混同）』に関しては設定を（言語＝英語、コンテンツ＝英語）に変更し、英語環境（AJW）に移すという申し入れに対する御社の回答「日本語・英語で対照しやすい形でお示しするため、朝日新聞デジタル（日本語版）で掲載しております」は意味不明です。

英訳記事は英語圏の読者が読めるようにするのが当然で、誰のためになぜ日本語記事と対比させて日本語サイトに配置する必要があるのでしょうか？　明確にお答えください。

御社回答「朝日新聞が吉田清治氏の証言を虚偽と判断して記事を取り消したこと等については新聞紙面で2014年8月5日付朝刊の特集記事で伝え、現在も朝日新聞デジタルで紙面を提示しています。英語版は「朝日新聞デジタル」で2014年8月22日に掲載し、その後も一貫して全文閲覧できる状態を保ってまいりました」について、御社自身が認めているとおり、当該英訳記事においては、検索回えても消えないように保存（公開）を続ける場合は、新たに次の公開期限を指定する仕様とのご回答を頂きました。

私共の調査によれば、既に御社がお認めになっておられるように、少なくとも『「挺身隊」との混同　当時は研究が乏しく同一視』（日本語版）に関しましては、2014年8月5日の公開時点ではそもそも公開期限が設定されていませんでした。公開期限を設定しないことができないCMSをご使用とは思えませんが、英訳版は公開期限を2100年12月1日としているのですから、なぜ日本語オリジナル版もそれに合わせないのでしょうか？公開期限を延長するのに2019年4月30日を待つ必要はないはずです。

In-house News and Messagesは朝日新聞社に関わるニュースとお知らせという意味合いとのことですが、次のページに示した辞書にありますように、in-house とは、within an organization 、つまり組織内部によって行われたこと、あるいは組織内に存在するものという意味でありまして、In-house News and Messagesと書いて、「朝日新聞に関わるニュースとお知らせ」ましてや「撤回した記事について」だと解釈することはあり得ません。これはケント・ギルバートという一英語ネイティブスピーカーによる指摘に留まらない常識でございますから、なぜ御社が常に英語の独自解釈を強弁されるのか理解に苦しむところです。

後も一貫して全文閲覧できる状態を保ってまいりました。
(https://www.asahi, com/articles/SDI201408213563.html)
　ただ、これらの編集作業の過程でメタタグの設定にミスがあり、弊社サイトからではなく一般の検索エンジンから記事を閲読しようとした場合に、検索結果が表示されない設定になっていたことは、ご指摘を受けて初めて気づき、ただちに修正いたしました。さらにその際、本来タグがついていなかった日本語記事の設定も誤るというミスを重ねてしまい、たびたびご指摘を受けたことについては誠に申し訳なく思っております。謝罪会見等を開く予定はございませんが、経緯は弊社コーポレートサイト等で説明させていただきました。再発防止などの対応につきましては、今後も検討を続けて参ります。

　回答は以上です。よろしくお願いいたします。

草々

〈5回目(実質6回目)の申入れ書〉

2018年9月28日
株式会社朝日新聞社
広報部長　後田　竜衛　様

朝日新聞英語版の「慰安婦」印象操作中止を求める有志の会
ケント　ギルバート
山岡　鉄秀

冠省

9月18日付でいただいたご回答についてコメントさせて頂きます。

『「済州島で連行」と証言　裏付け得られず虚偽と判断』『「挺身隊」との混同　当時は研究が乏しく同一視』の二つの記事について、公開期限の延長をやめる考えはないが、御社の配信システムはそもそも、無期限で公開しておく設定ができず、一定期間を超

3、【《Testimony about 'forcible taking away of women on Jeju Island' : Judged to be fabrication because supporting evidence not found》《Confusion with 'volunteer corps' : Insufficient research at that time led to comfort women and volunteer corps seen as the same》の二つの記事の設定を英語に変更し、AJWに移して「撤回された記事」の下にリストする】とのお求めについて

【回答】ご指摘の記事2本を含む特集紙面を日本語・英語で対照しやすい形でお示しするため、朝日新聞デジタル（日本語版）で掲載しております。
http://www.asahi.com/topics/ianfumondaiwokangaeru/（日本語）
http://www.asahi.com/topics/ianfurmondaiwokangaeru/en/（英語）

4、【" forced to provide sex" の表現を中止し、" comfort women who worked in brothels regulated by the military authorities" などの表現を使用する】とのお求めについて

【回答】同じ内容のお申し越しについて、7月23日付の回答でお答えした通りです。弊社コーポレートサイトに掲載しています。
https://www.asahi.com/corporate/info/11699916

5、【2014年の第三者委員会の提言や渡辺社長の提言にもかかわらず、誤報の核心記事を撤回以来一貫して検索不能にしていた責任を認め、公式に記者会見を開いて謝罪する】とのお求めについて

【回答】朝日新聞が吉田清治氏の証言を虚偽と判断して記事を取り消したこと等については新聞紙面で2014年8月5日付朝刊の特集記事で伝え、現在も朝日新関デジタルで紙面を掲示しています。英訳版は「朝日新聞デジタル」で 2014年8月22日に掲載し、その

〈朝日新聞からの回答〉

2018年9月18日
朝日新聞英語版の「慰安婦」印象操作中止を求める有志の会
ケント ギルバート 殿
山岡 鉄秀 殿

株式会社朝日新聞社
広報部長 後田 竜衛

冠省

9月12日付でいただいた「検索回避メタタグ問題を受けての各種申し入れ」にお答えいたします。

1、【《「済州島で連行」と証言 裏付け得られず虚偽と判断》《「挺身隊」との混同 当時は研究が乏しく同一視》の二つの記事について公開期限設定を解除し、無期限の公開とする】とのお求めについて

【回答】当該記事につきましては、現時点で公開やこの先の延長をやめる考えはありません。朝日新聞デジタルの配信システムはそもそも、無期限で公開しておく設定ができません。一定期間を超えても消えないように保存（公開）を続ける場合は、新たに次の公開期限を指定する仕様です。

2、【In-house News and Messages を Retracted Articles(撤回された記事)に変更する】とのお求めについて

【回答】In-house News and Messages は、朝日新聞社に関わるニュースとお知らせという意味合いです。ページ構成上もご提案の見出しがふさわしいとは考えられず、ご要望には沿いかねます。

"Testimony about 'forcible taking away of women on Jeju Island': Judged to be fabrication because supporting evidence not found"（済州島連行虚偽と判断）
"Confusion with 'volunteer corps': Insufficient research at that time led to comfort women and volunteer corps seen as the same"（慰安婦と挺身隊混同）

4．狭義の強制を示唆する"forced to provide sex"の表現の使用を中止する。今後慰安婦の説明的表現を追加するなら、comfort women who worked in brothels regulated by the military authoritiesなどの表現を使用すること。

5．2014年の第三者委員会の提言や渡辺社長の発言にも拘らず、誤報の核心記事を撤回以来一貫して検索不能にしていた責任を認め、公式に記者会見を開いて謝罪する。

新聞社であれば、誤報があれば即座に撤回して謝罪し、幅広く告知することが信頼を保つための重要な危機管理であることは申し上げるまでもありません。第三者委員会の報告書によれば、すでに遅きに失した2014年の再検証時でさえ、当初木村伊量社長らの意向で謝罪を拒否したとあります。今回のメタタグ問題にしても、あたかも現場担当者に責任を押し付けるような言説はいかがなものでしょうか。コーポレートガバナンスの観点から、組織として、企業としての責任を認識し、社会に表明することが不可欠だと考えます。

以上、9月17日までのご回答をお願い致します。

草々

「慰安婦報道について朝日新聞は、97年と14年の二度、検証記事を掲載しましたが、いずれも誤りを率直に認めて謝罪し、わかりやすく説明する姿勢に欠けていました。読者の皆さまに向き合う姿勢をおろそかにし、批判に対して自社の立場を弁護する内向きの姿勢に陥ってしまったことを深く反省しています。社会に役立つメディアとして再び信頼していただけるよう改革に取り組みます」

「慰安婦報道につきましては、(先ほど西村取締役からも申し上げましたように) 私たちは慰安婦報道の実相を伝えるべく、これからもチームを作ってしっかりと報道していくつもりでございますので、それを英文もしくはその他言語も含めて発信していくことで、海外への理解を深めていければなあと思っております」(『THEMIS』2018年9月号)

上記に鑑みて、御社の一連の行為は、検索逃れの設定が故意であるか過失であるかに拘わらず、第三者委員会の提言や渡辺社長の発言に著しく逆行するものだと言わざるを得ないでしょう。そこで私たちは、下記事項の迅速な実行を御社に対し要求いたします。

1．下記のふたつの記事に関しては公開期限設定を解除し、無期限の公開とする。
「済州島で連行」証言　裏付け得られず虚偽と判断
「挺身隊」との混同　当時は研究が乏しく同一視

2．In-house News and MessagesをRetracted Articles (撤回された記事)に変更する。

3．下記ふたつの記事に関しては設定を（言語＝英語、コンテンツ＝英語）に変更し、英語環境（AJW）に移して、前述の“Retracted Articles”の下に直接リストする。

れていない通信 | www.asahi.com/topics/ianfumondaiwokangaeru/en/

朝日新聞 DIGITAL

検索 目次

トップニュース スポーツ カルチャー 特集・連載 オピニオン

新着 天声人語 社会 政治 経済・マネー 国際 テック&サイエンス 環境・エネルギー 地域

シェア 1201 ツイート list B!ブックマーク 12

ニュース > トピックス > Thinking about the comfort women issueに関するトピックス

Thinking about the comfort women issue

[Japanese]

Look squarely at essence of 'comfort women' issue →

By Nobuyuki Sugiura Executive Editor (8/22)

Core of 'comfort women' issue remains unchanged → (8/29)

ここまで来ても、誤報の核心を伝える、ふたつの記事に辿り着くにはスクロールダウンして下部にあるリンクを探さなくてはなりません。さらに検索回避のメタタグが挿入されていたのですから、奥の奥に隠されていたことになります。

ご存じのように、朝日新聞第三者委員会は次のことを明確に述べています。

- 1997年の慰安婦報道検証時に撤回と謝罪をしなかったのは致命的なミスであった。
- 2014年の撤回は遅きに失したうえ、なぜここまで遅れたかの検証がない不十分なもの。
- 「強制性」について「狭義の強制性」に限定する考え方を他人事のように批判し、河野談話に依拠して「広義の強制性」の存在を強調する論調は、のちの批判にもあるとおり、「議論のすりかえ」である。

また、2014年12月26日、第三者委員会の報告を受けた渡辺雅隆社長は次のように語っています。

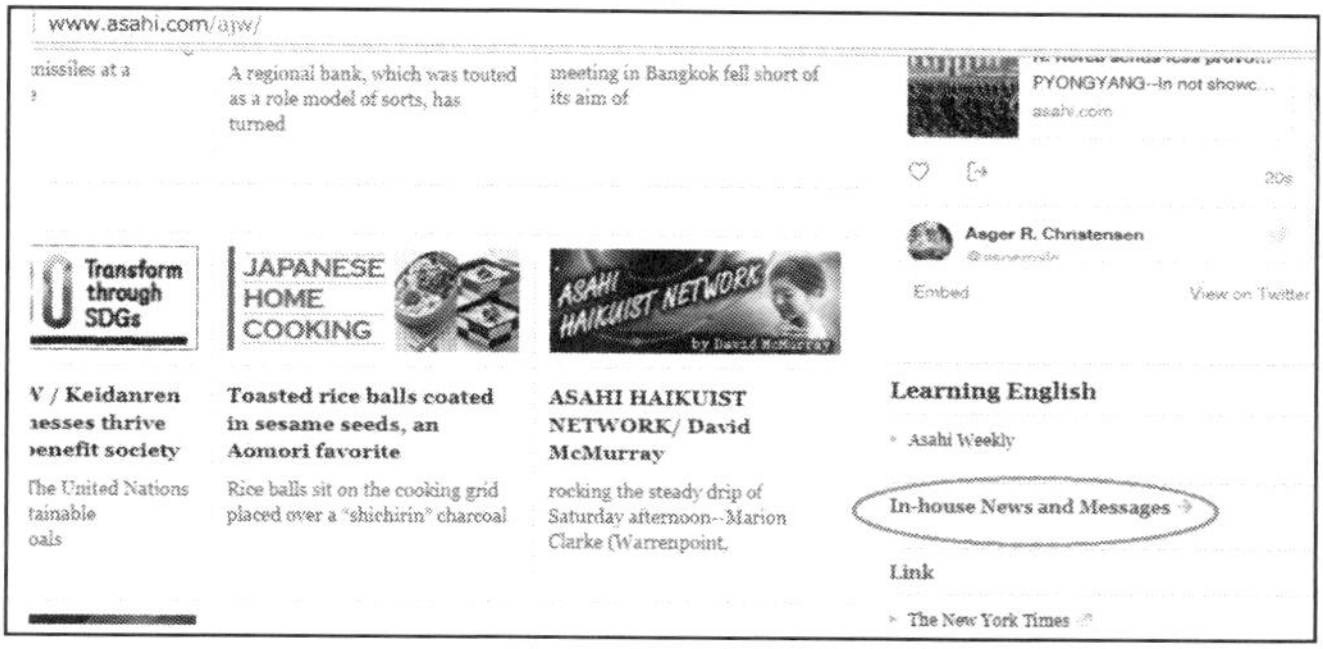

万が一御社の社内ニュースに興味を持った読者がここをクリックすると、慰安婦関連記事を集めたポータルがありますが、下記にありますとおり、さらに一番下にあるリンクをクリックして朝日新聞デジタルの日本語サイトに飛ばないと今回隠されていた誤報の核心記事に辿り着けません。これではアリバイのためにポータルを作成したとのそしりを免れないでしょう。

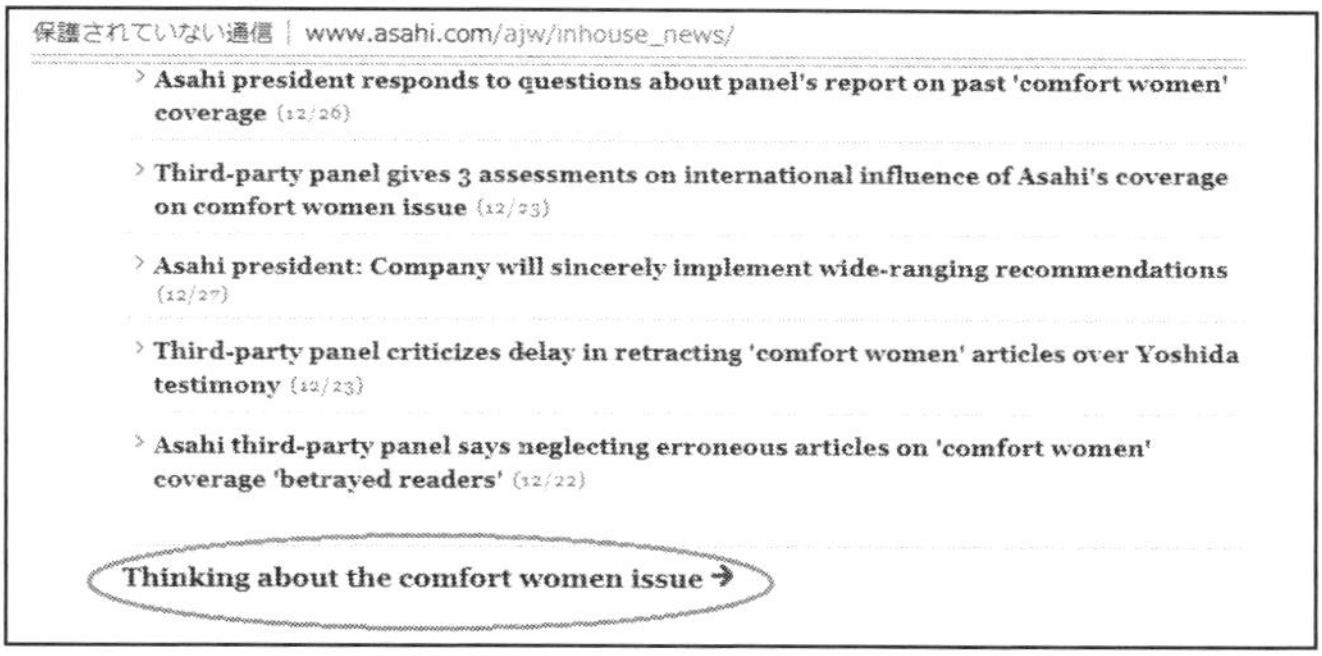

※ここから日本語サイトへ飛ぶことになります。

そしてリンク先の日本語サイトで最初に出てくるのは杉浦信之氏による社説と御社主張を書いた記事「慰安婦問題の本質は変わらない」です。

事より引用)

英語記事中のメタタグの存在は配信時の削除漏れで、今回は指摘を受けたメタタグの削除作業の流れで誤って日本語記事にメタタグを挿入してしまったという意味でしょうか。全く現実味がなく、もしその通りだとしたら非常にずさんな管理運営をされていることになります。

該当記事のソースページに表示される改定日時を確認すると、指摘を受けたふたつの英語訳記事の検索回避メタタグを削除するより前に、日本語版記事にメタタグを挿入していたように見受けられます。御社の説明にもありましたとおり、メタタグの挿入は意図的に行われるものであり、削除する前に別の記事に新たに挿入する作業は明らかに人為的なものです。

また、2014年8月5日に公開された慰安婦関連記事の英訳記事が、日本語環境（朝日新聞デジタル）で日本語として定義されて作成されていることについて、英語環境であるThe Asahi Shimbunのサイトに慰安婦関連記事のポータルページのようなものをつくり、そこから日本語サイトにリンクを張ったとのご説明を頂きました。これについて実際のサイトおよびリンクを確認して大変驚きました。以下、解説させていただくとともに、当方からの要望を申し述べます。

まず、英語サイトのThe Asahi Shimbunトップページからそのポータルページへのリンクですが、次のページの画面にあるように、ずっと下の方の右端に存在し、かつ、In-house news and messagesと名付けられています。これを直訳すれば「社内ニュースとメッセージ」であり、社員向けの連絡欄と思われてしまうでしょう。「健康診断のお知らせ」が書いてあっても驚きません。誰も慰安婦報道関連だとは想像もできないでしょう。

・ご指摘があったのは、上記「5」の一覧ページ内用の「訂正・おわび」です。本文内の訂正と重複するために一般的な検索からは除外しています。

■「今後どのようなアクションを取る予定か」について

今後も必要に応じ、ご説明いたします。

回答は以上です。よろしくお願いいたします。

草々

〈4回目（実質5回目）の申入れ書〉

2018年9月12日
株式会社朝日新聞社
広報部長　後田　竜衛様

朝日新聞英語版の「慰安婦」印象操作中止を求める有志の会
ケント　ギルバート
山岡　鉄秀

検索回避メタタグ問題を受けての各種申し入れ

冠省

日本語の「慰安婦と挺身隊の混同記事」中に検索回避のメタタグが存在していたことについて、産経新聞9月9日付の記事が伝える御社の釈明を読んで非常に驚きました。

「8月23日に英語版のタグについて産経新聞の取材を受けた際、日本語版の記事についても確認作業をした。その際に配信システムの操作を誤り、記事の設定が変わっていたことが分かった」（記

■「3．リコメンドエンジンを除外するタグが、なぜテスト環境で必要なのか」について

リコメンドエンジンが推奨する記事は、広告系の記事と一緒にされることがあるので、使いませんでした。

■「4．検索エンジン忌避のメタタグを、なぜ継続更新中の訂正とお詫びにまで入力する必要があるのか」について

「訂正・おわび」にも検索回避タグが設定されているのではないか、とのご指摘をいただいていますが、見出しに「訂正・おわびあり」と明示し、当該箇所を修正、記事の末尾に「訂正・おわび」を追加した記事には検索回避タグを設定しておりません。過去1週間の「訂正・おわび」をまとめた一覧ページに掲載する「訂正・おわび」には、前述の記事と重複するため検索回避タグを設定しています。詳しくは下記のとおりです。

・朝日新聞東京本社版最終版に掲載した記事に「訂正・おわび」を出す場合、朝日新聞デジタル上では、以下の対応を取っています。

1：見出しに「＝訂正・おわびあり」と明示。

2：本文中の該当箇所を直す。

3：記事の末尾に紙面掲載しているものと同じ「訂正・おわび」を結合する。

4：当該記事は、会員以外の方でも読めるよう無料で全文公開する。

5：過去1週間の訂正対応をまとめて見るための一覧ページにも更新する。

（ご参考「一覧ページ」:http://www.asahi.com/news/corrections/）

・一覧ページそのものも、訂正・おわびがある記事も、検索結果で表示されます。

・配信した記事をまとめた特集ページは、検索結果で表示されます。

（ご参考「特集ページ」:http://www.asahi.com/topics/ianfumondaiwokangaeru/en/）

・本社の英語サイト「The Asahi Shimbun | Asia & Japan Watch」に、上記ページへのリンクを設けてあります。

（ご参考「特集ページ」:http://www.asahi.com/ajw/inhouse_news/）

【8月27日のご質問】

■「1．テストサイト用にメタタグを入力するということは、外部に開かれた環境でテストしているという意味か。社員専用のサイトでなぜメタタグが必要なのか」について

朝日新聞デジタルの配信システムにはテスト環境がないため、公開時と同様の状態で確認する必要がある場合、社外サイトから検索しても表示されないタグをつけて実際に外部に配信して確認しています。

■「2．記事が日本語サイトで作成され、言語が日本語指定されている理由。なぜ英語サイトに移さないのか」について

当日は日本語版と掲載サイトを一元化するために朝日新聞デジタルで作業し、朝日新聞社の英語サイト「The Asahi Shimbun | Asia & Japan Watch（AJW）」からは朝日新聞デジタルで配信した英語記事のまとめページにリンクを張りました。その後はAJWでも慰安婦関連の英語記事を配信し、英語版のまとめページを作成しています

（http://www.asahi.com/ajw/inhouse_news/）。ご指摘の日本語サイト内のページへのリンクも張っています。またAJW のトップページには、2014年からこのまとめページへのリンクを張っています。

株式会社朝日新聞社
広報部長　後田 竜衛

冠省

今月22日と27日にいただいたご質問にまとめてお答えいたします。

【8月22日のご質問】

■「1．慰安婦の大半が朝鮮人であったと認識しているのか」「2．慰安婦の人種別の割合をどのように認識しているのか」について

慰安婦の総数や民族、人種別の人数を示す公式記録はなく、研究者の推計にはさまざまな数字があります。アジア女性基金のサイトには「各種の資料を総合して言えることは、朝鮮人慰安婦は多かったが、絶対的多数を占めるにはいたっていないということです。日本人慰安婦も多かったと言えます」と書かれています。

■「3．ふたつの記事に〔“noindex, nofollow, noarchive”〕のタグを加えた合理的根拠」「4．責任の所在」について

2014年8月22日に慰安婦問題に関する英文記事を複数配信しました。その際、記事に検索回避タグを設定し、社内の確認作業を経たのちにこのタグを解除して一般公開しました。このうち見出しが長いことから別のシステムを使って作業していた2本で、一般公開はしたものの、検索回避タグの設定解除作業の漏れがあったことが分かり、修正いたしました。詳しくは下記のとおりです。

1：記事の体裁等を最終確認するため、検索回避タグを設定して外部配信

2：確認後に順次、タグを解除

3：このうち2本で設定解除作業が漏れる

とはありません。これは御社が毎日発表している「書き間違い」の類ではなく、御社が新聞社として社会的責任を取らずに誤報を長期間放置していたことを意味する背信行為であり、企業としては重大なコンプライアンス上の問題です。報道機関としての最低限の自覚が問われています。これは主義主張の問題ではありません。

現状に鑑みれば、なぜそのような事態が発生したのか、責任者は誰なのかを明らかにし、再発防止策を示したうえで公式に謝罪するのが社会通念上の常識ではないでしょうか？繰り返しますが、理由は何であれ、御社は誤報を認めて撤回する趣旨の記事を指摘されるまで4年間に亘って検索できないようにしていたのです。さらに、「関連記事としておすすめ」もされないようにしています。撤回と謝罪は日本国内向けのジェスチャーに過ぎなかったと理解されても致し方ありません。**今後どのようなアクションを取る予定かお知らせ下さい。「間違えました、削除しました」で済む問題ではございません。**

8月31日までの回答をお願いしてありますが、産経新聞や夕刊フジに送られた回答をこちらに送って頂いても全く納得できるものではありませんので、このように追加の質問をさせて頂いております。非常に多くの国民が本件に注目しております。社会的責任を負う報道機関として真摯な回答を重ねてお願い申し上げます。

草々

〈朝日からの回答〉

2018年8月31日
朝日新聞英語版の「慰安婦」印象操作中止を求める有志の会
ケント　ギルバート殿
山岡　鉄秀　殿

わかります。これらのページは毎日更新されていますが、最新のページも常に同じメタタグを有しています。これらが「消し忘れ」であるとは考えにくく、訂正ページには「検索エンジンを避けるメタタグを挿入する」のが御社の基本ポリシーであると考えるのが自然だと思いますが、いかがでしょうか？

以上から、今回の「メタタグ問題」が、単なる公開前の消し忘れであったという御社の説明には十分な説得力がありませんので、改めて上記の疑問へのご回答を頂けますと幸いです。他にも一般国民から多くの指摘がなされていますが、今回はここまでにしておきます。
ところで、ここまで技術的な質問を致しましたが、あくまでも問題の本質は御社が大手新聞社としての社会的責任を果たしているか否か、です。

今回の「検索回避メタタグ」の挿入が、恣意的なものであれ、御社が主張するように偶発的なものであれ、極めて重要な記事を4年間に亘って検索不能な状況に放置した事実は変わりません。

申し上げるまでもなく、慰安婦問題に関する日本政府の公式見解は、「吉田清治という人物が一般女性を強制連行して慰安婦にしたという作り話を朝日新聞がキャンペーンで拡散したものであって、慰安婦が性奴隷であったという表現は適切ではない」というものです。

御社の歴史認識や主義主張が何であれ、御社が誤報を公式に認めて記事を撤回し、社長辞任の理由のひとつになったことは紛れもない事実です。責任ある報道機関であれば、誤報を長期間にわたって放置した責任を重く受け止め、記事撤回の事実を広く拡散する努力を尽くすのが当然の責務です。結果として御社がやったことはその真逆です。検索回避が組織的な行為であれば論外ですが、仮に偶発的なミスであったとしても、御社の責任が軽減されるこ

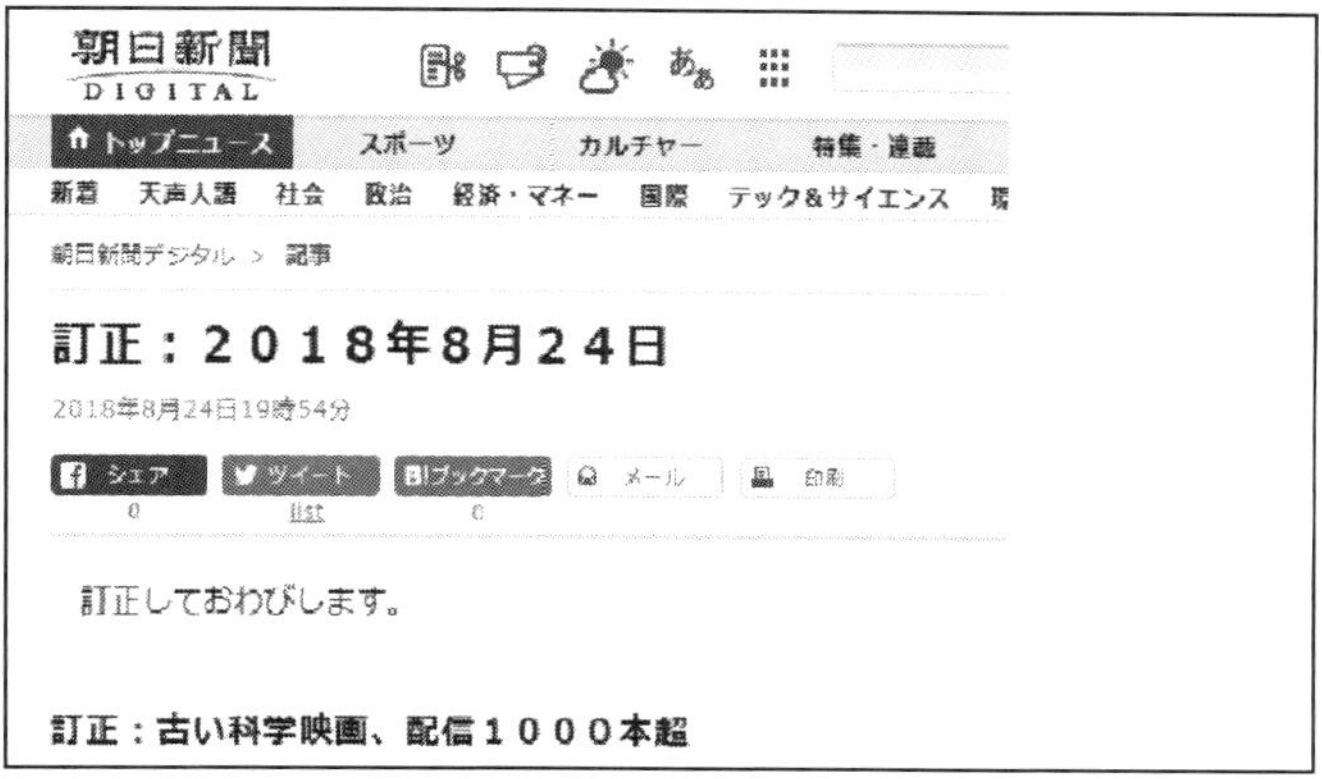

この訂正通知ページのソースページを見ると、やはり<meta name="robots" content="noindex, nofollow, noarchive" />が打ち込まれているのがわかります。(L48) 注) 確認は8月24日

```
view-source:https://www.asahi.com/articles/ASL8S6K1BL8SUEHF00V
23 <meta property="fb:app_id" content="137119773101625" />
24 <meta property="og:locale" content="ja_JP" />
25 <meta property="og:title" content="訂正：２０１８年８月２４日：朝日新聞デジタル" />
26 <meta property="og:url" content="https://www.asahi.com/articles/ASL8S6K1BL8SUEHF00V.htm
27 <!--引用可能写真無し-->
28 <meta property="og:image" content="https://www.asahicom.jp/images/logo_ogp.png" />
29 <meta property="og:image:height" content="630" />
30 <meta property="og:image:width" content="1200" />
31 <meta property="og:site_name" content="朝日新聞デジタル" />
32 <meta property="og:type" content="article" />
33 <meta property="og:description" content="　訂正しておわびします。■訂正：古い科学映画、
   ＜写真説明で、「特急『つばめ』を引く蒸気機関…" />
34 <meta property="article:author" content="https://www.facebook.com/asahicom/" />
35 <meta property="article:publisher" content="https://www.facebook.com/asahicom/" />
36 <!-- twitter:引用可能写真無し-->
37 <meta name="twitter:card" content="summary" />
38 <meta name="twitter:site" content="@asahi" />
39 <meta name="twitter:title" content="訂正：２０１８年８月２４日：朝日新聞デジタル" />
40 <meta name="twitter:description" content="　訂正しておわびします。■訂正：古い科学映画、
   ＜写真説明で、「特急『つばめ』を引く蒸気機関…" />
41 <meta name="twitter:image" content="https://www.asahicom.jp/images/logo_600_600.png" />
42 <meta name="twitter:url" content="https://www.asahi.com/articles/ASL8S6K1BL8SUEHF00V.ht
43 <!--//social-->
44 <link rel="shortcut icon" type="image/x-icon" href="/favicon.ico" />
45 <link rel="apple-touch-icon" href="/logo_icon.png" />
46 <meta name="msapplication-TileImage" content="/logo_icon.png"/>
47 <meta name="msapplication-TileColor" content="#890000"/>
48 <meta name="robots" content="noindex, nofollow, noarchive"></meta>
49 <link rel="stylesheet" type="text/css" href="//www.asahicom.jp/css/asahi-common2014.utf
50 <script type="text/javascript" src="//www.asahicom.jp/js/asahi-common2014.utf8.js" chars
51 <link rel="alternate" type="application/rss+xml" title="朝日新聞デジタル速報全ジャンル"
52 <link rel="alternate" type="application/rss+xml" title="朝日新聞デジタル速報社会ジャン
53 <link rel="alternate" type="application/rss+xml" title="朝日新聞デジタル速報政治ジャン
```

調べてみると、この日以外もすべての日付の訂正ページが、たとえ訂正が無い日であっても、同様のメタタグを有していることが

語とコンテンツが日本語指定されていれば、検索エンジンの忌避を止めても、国外の読者がアプローチすることが困難です。なぜ英語サイトに移さないのかご説明ください。
3．検索エンジン忌避のメタタグ以外にも、リコメンドエンジンを除外するタグも打ち込まれていることが判ります。<meta name="outbrain-crawl" content="exclude" />これでは関連記事に推奨されないことを意味します。なぜテスト環境でこのようなタグが必要なのでしょうか？これも消し忘れでしょうか？
4．上記二本の記事のみ、テスト後に検索エンジン忌避のメタタグを削除し忘れたとのことですが、なぜ継続更新中の訂正とお詫びにまで同じメタタグを入力する必要があるのでしょうか？朝日新聞デジタルには「訂正・お詫び」のサイトが存在し、一週間単位で日々の訂正箇所を通知しています。
（http://www.asahi.com/news/corrections/?iref=pc_rellink）
例：

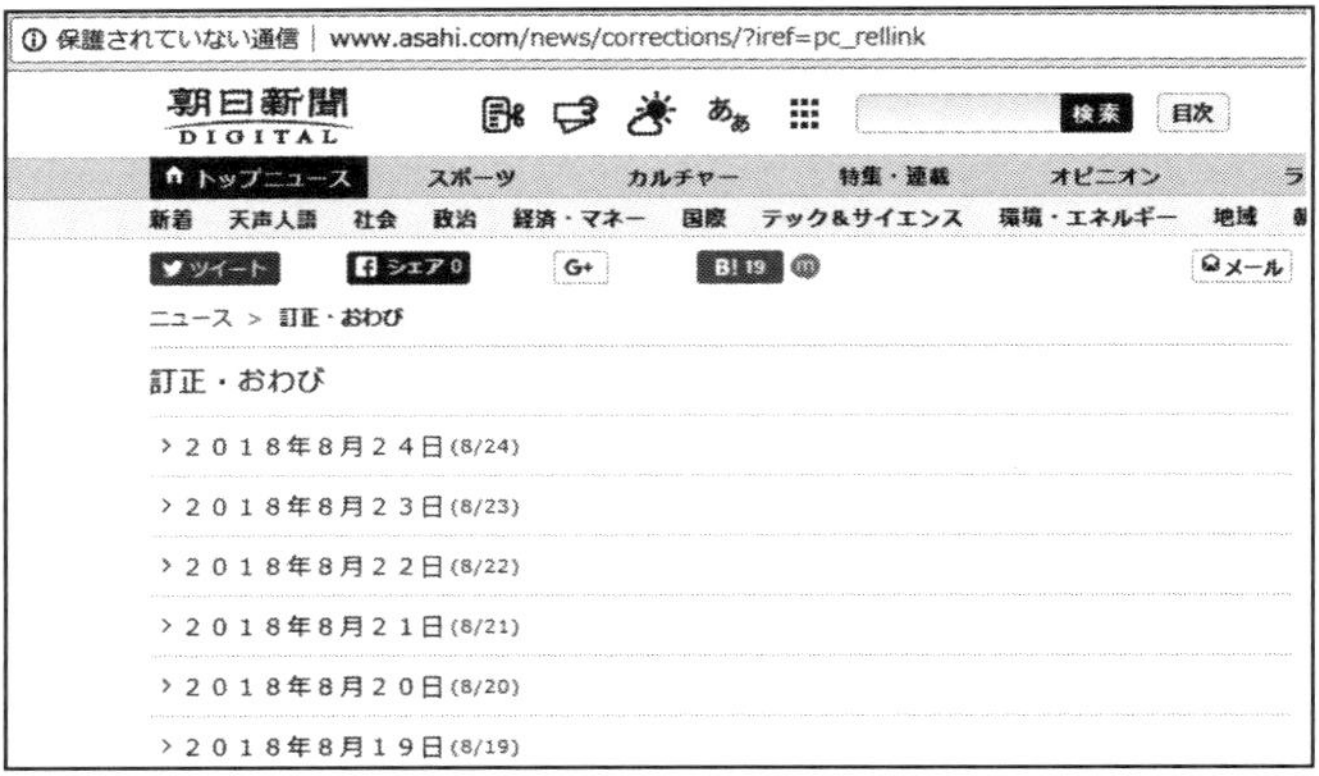

8月24日の訂正を見てみます。

〈３回目の申入れ書の追加質問〉

2018年8月27日
株式会社朝日新聞社
広報部長　後田　竜衛　様

朝日新聞英語版の「慰安婦」印象操作中止を求める有志の会
ケント　ギルバート
山岡　鉄秀

メタタグ問題に関する追加のご質問

冠省

先般8月22日付でご質問状を送付させて頂き、8月31日までの回答をお願いしてありましたが、メタタグ問題については産経新聞社さんと夕刊フジさんの方へすでにご回答されたことを確認いたしました。

御社は全ての記事をテスト環境にアップして確認した後、検索エンジンを避けるメタタグを削除するプロセスを慣行としているところ、問題となった、「吉田清治証言の虚偽認定」と「慰安婦と女子挺身隊を混同」のふたつの記事に関しては何らかの手違いでメタタグを削除し忘れていたというご説明でした。

そこで、追加質問をさせて頂きますので、8月31日までに合わせてご回答頂けますようお願い申し上げます。

１．テストサイト用にメタタグを入力するということは、検索エンジンに探知され得る環境、すなわち、basic認証されない外部に開かれた環境でテストしているという意味でしょうか？社員専用のサイトでなぜメタタグが必要なのかご説明いただけますか？
２．これらの記事が日本語サイトで作成され、言語が日本語に指定されている理由は何でしょうか？日本語サイトに設置され、言を海外に発信したことには全くなりません。それどころか、客観的に見て、この二つの不都合な記事を意図的に秘匿していたことになります。これは、言論機関にあるまじき不公正な行為であり、我々に留まらず、多くの読者を欺く行為ではないでしょうか？

ご質問です。

３．これらふたつの記事に「"noindex, nofollow, noarchive"」のタグを加えることに合理的根拠があるでしょうか？あれば教えて下さい。
４．このような、読者の立場から見れば恣意的としか思えない操作は、編集局の判断で行われるのでしょうか？それとも他の部局の判断が介在しているのでしょうか？責任の所在をご教示ください。

以上、上記4つの質問にご回答お願い致します。8月31日までにお願い申し上げます。

草々

という御社の主張を強調する記事にはそのようなタグはありません。

これは客観的に判断して、御社の間違いを認める2つの記事だけは検索されず、実質非公開にしていることを意味します。我々の「吉田証言記事撤回を海外に告知して欲しい」という申し入れに対し、御社はその英訳版がネット上に今でも存在すると回答しましたが、実際にはその記事に直接辿り着くことはできません。たとえ朝日新聞サイト内で記事タイトルをそのまま入力して検索してもヒットしないのです。

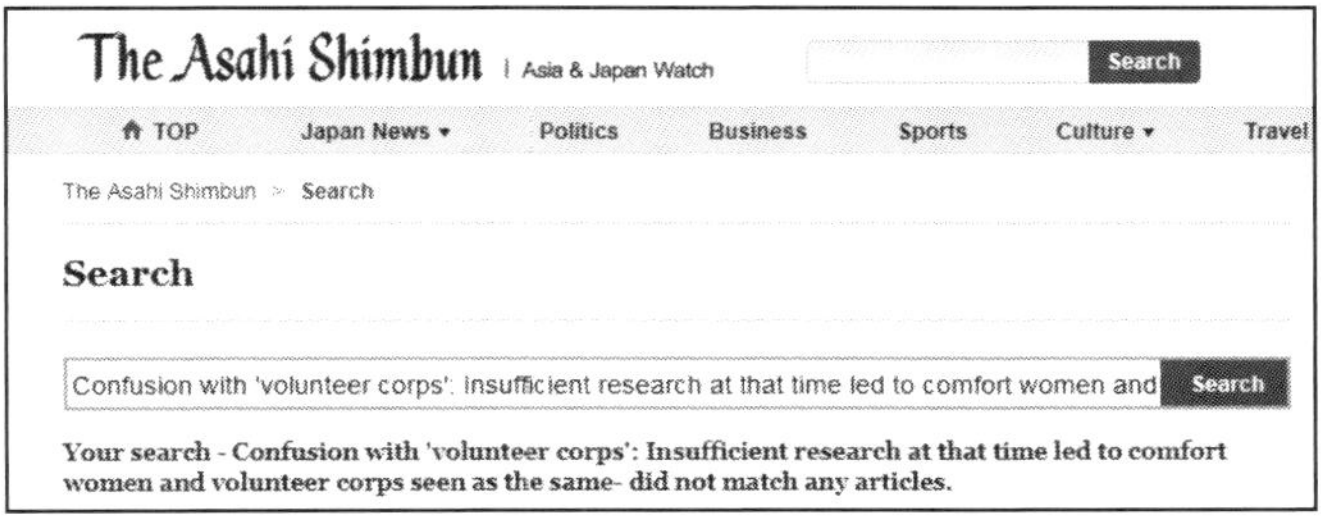

現状では、予め正確なURLを知らない限り、隠されていない他の記事の下に位置するリンクを辿る以外にこれらの記事に辿り着く術がありません。言うまでもなく、これでは誤報を認めたこと

在も下記のURLで全文閲覧できます。(https://www.asahi.com/articles/SDI201408213563.html)』

しかしながら、この(https://www.asahi.com/articles/SDI201408213563.html)に存在する記事「Testimony about 'forcible taking away of women on Jeju Island': Judged to be fabrication because supporting evidence not found(日本語)「済州島で連行」証言　裏付け得られず虚偽と判断」のソースページを見ると、次のようなタグが打ち込まれています。

<meta name="robots" content="noindex, nofollow, noarchive"></meta>

これはすなわち、この吉田清治氏の慰安婦強制連行を虚偽と判断した記事に、グーグルなどのサーチエンジンによって検索されないようにするためのコマンドが埋め込まれているということです。つまり、非公開と同じです。

同様に、こちらの記事にも同じタグが打ち込まれていることが判明しました。

Confusion with 'volunteer corps': Insufficient research at that time led to comfort
women and volunteer corps seen as the same
(日本語)「挺身隊」との混同　当時は研究が乏しく同一視
(URL) http://www.asahi.com/articles/SDI201408213564.html

一方、他の記事、たとえば、

Forcibly taken away: Coercion that led to lost freedom existed
(日本語) 強制連行　自由を奪われた強制性あった
(URL) http://www.asahi.com/articles/ASG8P3CLFG8PULPT001.html

地から大勢の女性が強制的に慰安婦として狩り出されたという印象を受けます。まさに、吉田清治氏による「慰安婦奴隷狩り」を彷彿とさせます。

かつて御社は慰安婦の数を8万人から20万人と書いて、大きな問題となりましたが、今度は「many」という単語を使いながら、慰安婦の大半が非日本人であったという印象を広げています。

御社は再三、歴史研究の蓄積を考慮して表現を選ぶとおっしゃっているところ、下記の質問にご回答いただけますよう、お願いいたします。

1．慰安婦の大半が朝鮮人であったと認識しているのか？
2．慰安婦の人種別の割合をどのように認識しているのか？

それぞれ根拠を示してお答え願います。

事実を伝えるのが報道機関の役割であることは言うまでもありません。現状では御社の報道には事実誤認が含まれている可能性があり、重大な問題ですので、真摯な回答をお願いいたします。

次の質問です。

去る7月23日付の御社回答には、以下の記述がございました。

『朝日新聞が吉田清治氏の証言を虚偽と判断して記事を取り消したことについて、新聞紙面では2014年8月5日付朝刊の特集記事で伝えました。「朝日新聞デジタル」では現在も、下記のURLで紙面を掲示しています。
（http://www.asahi.com/shimbun/3rd/2014080516.pdf）
英語版の紙面は現在発行していませんが、2014年8月5日付記事の英訳版は「朝日新聞デジタル」で2014年8月22日に掲載し、現

朝日新聞デジタル英語版で、8月15日付の下記二つの記事を確認致しました。

１．Diplomacy alone cannot resolve ‘comfort women’ issue, says Moon
２．Taiwan unveils ‘comfort women’ statue, demands apology, redress

最初の記事は韓国の文大統領が慰安婦問題は二国間の外交だけでは解決しないと言ったという記事ですが、ここにも通例の以下の表現が登場します。

Comfort women refers to those who were forced to provide sex to wartime Japanese troops. Many were from the Korean Peninsula, a Japanese colony from 1910 to 1945.

これを英語話者が読めば、慰安婦として働いた女性の**大多数**が日本の植民地であった朝鮮半島から連れてこられたと読めます。朝鮮半島は日本の植民地ではなく、日本の一部（annexation）でしたが、歴史認識の違いはともかく、慰安婦のマジョリティが朝鮮人だったという印象を与えることは史実に反します。慰安婦の人数や人種構成には諸説ありますが、日本人女性が大きな割合を占めていたことは明らかです。

ふたつめの記事は台湾で初の慰安婦像が建ったという内容ですが、この記事中にも以下の表現が登場します。

Taiwan was a Japanese colony from 1895 to 1945. Many Taiwanese women were forced to provide sex to Japanese troops as “comfort women” during World War II.

ここでも漠然と「many」という単語が使われており、やはり植民

〈朝日からの回答〉

2018年8月3日
朝日新聞英語版の「慰安婦」印象操作中止を求める有志の会
ケント ギルバート 殿
山岡 鉄秀 殿

株式会社朝日新聞社
広報部長 後田 竜衛

冠省

今回いただいたご質問には、基本的には前回お送りした回答で意を尽くしていると考えております。

今後も、記事でどのような表現を使うかについては、国内外の様々な立場の意見や歴史研究の蓄積なども考慮しながら、個々の状況や文脈に応じてその都度、判断してまいりたいと考えています。

草々

〈3回目の申入れ書〉

2018年8月22日
株式会社朝日新聞社
広報部長　後田　竜衛様

朝日新聞英語版の「慰安婦」印象操作中止を求める有志の会
ケント　ギルバート
山岡　鉄秀

事実誤認および英語記事秘匿に関するご確認

冠省

のは誰なのでしょうか？　明確にお答え願います。

先般ご説明いたしましたとおり、who were forced to provide sexと受動態にすることで、加害者を特定しないままに、文脈から「日本軍による犯罪行為」と連想させる手法が印象操作に当たると指摘させて頂きました。それに対する回答が、「性行為をさせられた」との受動態では、あまりにも不明瞭です。「さまざまな立場の意見や歴史研究の蓄積などを考慮する」姿勢であれば、極端な一般化は避けるべきであることは繰り返し申し上げました。念のために申し上げますが、「意に反して性行為をさせられた」と聞いて、「貧困などの社会的状況から止むを得ず不本意に売春業に従事せざるを得なかった」というような、御社の定義によるところの「広義の強制」を連想する人はほぼ皆無であり、強制連行などの「狭義の強制」を想像する人が大多数であることは明らかです。英語で表記しているのですから、ネイティブスピーカーが受け取る印象を重視すべきです。Forced to provide sexを読んで、間接的（situational）な強制を連想する人は稀です。今後もこの表現を使い続けるとのことであれば、**「女性の意に反して性行為をさせた」のは誰なのか**、明確なお答えをお願い致します。

以上、多様な意見や研究成果を考慮してその都度ふさわしい表現を使用するとしながら、まさにそれを求める私どもの申し入れに応じないとおっしゃるのは論理的に矛盾しており非常に残念ですが、今後の誤解を避け、建設的な議論を可能にするためにも、上記の三つのご質問にお答えいただけますよう、重ねてお願い申し上げます。８月３日までにお答え頂けますと幸いです。

朝日新聞英語版の「慰安婦」印象操作中止を求める有志の会
ケント　ギルバート
山岡　鉄秀

況や文脈に応じて、その都度ふさわしい表現を使うよう努めてまいりたいと考えています」という立場であるならば、まさに、文脈を無視して機械的にforced to provide sexという極端に強制性を一般化したフレーズを挿入する行為はその対極であり、その修正に応じないというのは、論理矛盾であると言わざるを得ません。

最後に今後のためにご質問させて頂きます。

1．前述の文中にある「人権に配慮し」の人権とは、**誰の人権を意味するのでしょうか？**　私どもは、元慰安婦の方々を始め、戦時下の女性の人権を慮ることは当然ですが、同時に、「日本人は一般家庭から軍隊を使って女性を強制連行し、性奴隷にした」という風評被害により、嫌がらせや侮辱を受けて辛い思いをしている日本人、特に海外在住邦人の人権にも配慮しなくてはならないと考えております。「人権に配慮」の意味を明確にして頂けますよう、お願い致します。
2．吉田清治氏関連記事の撤回についての記事の英訳が存在し、第三者委員会報告書を国連や韓国大使館などに送付したとのことですが、30年以上も放置されていたことに鑑みれば、世界中に流布され浸透した誤報を解消するのには極めて不十分と言わざるを得ません。朝日新聞としては、これ以上積極的に世界に広まった誤解を解消する努力をする意思はない、という理解でよろしいでしょうか？
3．Forced to provide sexという表現の意味は「意に反して性行為をさせられた」という意味だとのことですが、forcedと書けば、意に反していたのは当然で、この表現の読み手、取り分け英語を母語とする読者の通常の言語感覚からすれば、たとえbyXXXという受動態の構文における行為者の明示がなくとも、私どもが指摘している「軍隊による物理的な強制で性行為を強いられた」という印象と何ら変わりがありません。
そこで改めてご質問いたします。御社が使用するforced to provide sexというフレーズにおいて、**「女性の意に反して性行為をさせた」**

ただし、米軍に捉えられた韓国人捕虜も証言していますように、なかには自発的に慰安婦となった方もいれば、嫌々ながらも家族のために慰安婦になった方もいたわけで、単純に「慰安婦とされた女性」と表現することは、あたかも慰安婦制度が全体的に強制性を伴うものであったという印象を与えます。様々なパターンがあったと認識しているはずなのに、慰安婦は強制でなくてはならない、という御社の強い思い込みを感じる次第です。大きなばらつきがあるという前提に立てば、forced to provide sexという極端な一般化（over generalization）を避けるのが当然ではないのでしょうか？　根本的な矛盾を感じざるを得ません。

御社がアジア女性基金のサイトに見られる表現をforced to provide sexを繰り返し使用する根拠にしていることは申入れ書にも書きましたとおり、よく存じておりました。（今回は河野談話にも言及しているようですが）ですので、申入れ書の中で、外務省が国会答弁において、「外務省とアジア女性基金の見解は必ずしも一致しない」「現在の日本政府の見解は国連女子差別撤廃委員会における杉山審議官（当時）の発言である」旨を明確にしていることを指摘させて頂きました。河野談話における「強制性」は主に慰安所の生活における制約を念頭に置いており、当時としても犯罪であったインドネシアで発生したスマラン慰安所事件を考慮に入れていること、当時の韓国政府とのすり合わせの上で作成された政治的目的性の高いものであることが知られています。

「朝日新聞が慰安婦問題を報じる際は、こうした日本政府の立場も踏まえつつ、今後もさまざまな立場からの視点や意見に耳を傾け、多角的な報道をめざしていく所存です」とおっしゃるのであれば、なぜ、20年以上前のものである河野談話やアジア女性基金だけを参照し、最新の見解を無視するのでしょうか？

もし御社が「記事を書くたびに、国内外のさまざまな立場の意見や歴史研究の蓄積なども考慮しながら、人権に配慮し、個々の状

4.（今後慰安婦の説明的表現を追加するなら、comfort women who worked in brothels regulated by the military authoritiesなどの表現を使用すること）について

記事を書くたびに、国内外のさまざまな立場の意見や歴史研究の蓄積なども考慮しながら、人権に配慮し、個々の状況や文脈に応じて、その都度ふさわしい表現を使うよう努めてまいりたいと考えています。

以上から、英語表現に関する申し入れに応じることはできません。

草々

〈2回目の申入れ書〉

2018年7月26日
株式会社朝日新聞社
広報部長　後田　竜衛様

この度は私どもの申し入れにご回答いただきありがとうございました。冷静に意見を交換することは民主主義の根幹であり、その意味で大きな意義があったと確信しております。

しかしながら、御社が1万名以上の日本国民を含む私どもの申入れを拒否されたことは残念です。所感を述べさせて頂くと共に、どうしても明確にしておかなくてはならないと信じる点について再度ご質問させて頂きたいと存じます。

まず、「慰安婦とされた女性の訴えは人によって、あるいは時期や場所、戦況によって大きなばらつきがあり、個々の状況全体を総合して具体的に説明するのは困難です」という御社の見解には基本的に同意いたします。

朝日新聞が吉田清治氏の証言を虚偽と判断して記事を取り消したことについて、新聞紙面では2014年8月5日付朝刊の特集記事で伝えました。「朝日新聞デジタル」では現在も、下記のURLで紙面を掲示しています。

(http://www.asahi.com/shimbun/3rd/2014080516.pdf)

英語版の紙面は現在発行していませんが、2014年8月5日付記事の英訳版は「朝日新聞デジタル」で2014年8月22日に掲載し、現在も下記のURLで全文閲覧できます。

(https://www.asahi.com/articles/SDI201408213563.html)

また、「朝日新聞による慰安婦報道を検証する第三者委員会報告書」の要約版の英訳文を、国連本部、同広報センター、米国議会、在日米国大使館、韓国大使館、米国グレンデール市などに送付しています。

3.(forced to provide sexが軍隊による物理的強制連行や性奴隷化を意味しないと主張するなら、具体的にこの表現が何を意味するのか明確に説明すること)について

慰安婦とされた女性の訴えは人によって、あるいは時期や場所、戦況によって大きなばらつきがあり、個々の状況全体を総合して具体的に説明するのは困難です。「1について」の回答で紹介した「河野談話」で「強制的な状況」への言及があり、また「アジア女性基金」サイトの説明で「性的な奉仕を強いられた」との説明がありました。また中国や東南アジアなど、戦時中に日本の占領下にあった地域で、日本軍の一部部隊が現地女性などを強制的に連行し、慰安婦にしたことを示す供述や調査結果が、戦犯裁判記録や連合国側の政府調査報告などで明らかになっていることも踏まえています。

また、「forced to provide sex」という表現について、英語ネイティブスピーカーが読めば、「軍隊による物理的な強制で性行為を強いられた」という印象を受けると指摘されていますが、当該表現は「意に反して性行為をさせられた」という意味です。

る『従軍慰安婦』とは、かつての戦争の時代に、一定期間日本軍の慰安所等に集められ、将兵に性的な奉仕を強いられた女性たちのことです」と定義されています。(http://www.awf.or.jp/1/facts-00.html)

アジア女性基金は1995年に村山内閣主導で発足し、国民からの募金と政府からの資金拠出により元慰安婦への「償い事業」を実施。外務省ホームページの「歴史問題Q＆A」のページでも、アジア女性基金の活動が紹介されています。(https://www.mofa.go.jp/mofaj/area/taisen/qa/index.html)

1993年8月4日に発表された河野官房長官談話では、「慰安婦の募集については、軍の要請を受けた業者が主としてこれに当たったが、その場合も、甘言、強圧による等、本人たちの意思に反して集められた事例が数多くあり、更に、官憲等が直接これに加担したこともあったことが明らかになった。また、慰安所における生活は、強制的な状況の下での痛ましいものであった」と記されています。(https://www.mofa.go.jp/mofaj/area/taisen/kono.html)

菅義偉官房長官は2014年6月20日の記者会見で「河野談話作成過程に関する検証作業」について述べた際、「河野談話を見直さない、平成19年に閣議決定した政府答弁書であるとおり、これを継承するという政府の立場はなんら変わりはありません」と発言しています。

(https://www.kantei.go.jp/jp/tyoukanpress/201406/20_p.html)

慰安所の生活で「強制的な状況」があったとする記述を含む河野談話の内容は、現在の安倍政権まで日本政府が継承してきた立場といえます。朝日新聞が慰安婦問題を報じる際は、こうした日本政府の立場も踏まえつつ、今後もさまざまな立場からの視点や意見に耳を傾け、多角的な報道をめざしていく所存です。

2.（吉田証言が虚偽であり、記事を撤回した事実を改めて英文で告知すること）について

までにご回答を頂けますよう、お願い申し上げます

朝日新聞英語版の「慰安婦」印象操作中止を求める有志の会
ケント　ギルバート
山岡　鉄秀

〈朝日新聞の回答〉

2018年7月23日
朝日新聞英語版の「慰安婦」印象操作中止を求める有志の会
ケント ギルバート 殿
山岡 鉄秀 殿

株式会社朝日新聞社
広報部長 後田 竜衛

冠省
7月6日、弊社社長に対し「朝日新聞英語版の『慰安婦』印象操作中止を求める有志の会」として提出された申し入れに対して、ご回答申し上げます。

1.（「物理的な強制で性行為を強いられた」という印象を受けるforced to provide sexという表現を使用しないこと）について

記事を書く際は事実関係を十分に調べたうえで、ふさわしい表現を選ぶよう心がけています。記事でどんな表現を使うかについては、個々の状況や文脈に応じてその都度、判断してまいりたいと考えています。
今回ご指摘の英語表現に似た「forced to provide sexual services」という表現は、「女性のためのアジア平和国民基金」（アジア女性基金）のサイト「デジタル記念館　慰安婦問題とアジア女性基金」の英語版ページ（http://www.awf.or.jp/e1/facts-00.html）の冒頭で使われています。日本語版のページでは「いわゆ

と
2．吉田証言が虚偽であり、記事を撤回した事実を改めて英文で告知すること
3．もし、前記表現が軍隊による物理的強制連行や性奴隷化を意味しないと主張するなら、具体的に、「性行為を強制された(forced to provide sex)」とは何を意味するのか明確に説明すること。
4．今後慰安婦の説明的表現を追加するなら、comfort women who worked in brothels regulated by the military authoritiesなどの表現を使用すること。

また、朝日新聞社は、類似した表現がアジア女性基金のサイトにて使用されていることを挙げて当該表現の使用を肯定していますが、外務省は国会にて杉田水脈衆議院議員の質問に対し、鯰参事官が「外務省の見解は必ずしもアジア女性基金の見解と同一ではなく、国連女子差別撤廃委員会における、慰安婦強制連行、性奴隷化を否定する杉山審議官（当時）の発言を公式見解とする」旨を明言しており（平成30年3月28日）、アジア女性基金サイトの表現は御社の表現を肯定する根拠となりません。

朝日新聞の誤報による被害は現在に至るまで甚大で、海外で反日団体によって建てられる慰安婦碑や慰安婦像に付随する碑文には、吉田清治の虚偽の証言の影響が依然として濃厚であり、それらが反日教育に利用されることにより、在外邦人、特に日系子女への侮辱や嫌がらせが発生したケースが数多く報告されています。朝日新聞社は過去の報道が現在の日本人の名誉の侵害や生活への悪影響に結びつくことはないとの立場ですが、かかる英語表現を現在において継続使用することは恣意的な印象操作であるとの嫌疑を免れず、日本と日本人全般の名誉を貶め、特に海外では実生活に害を及ぼし得ます。

朝日新聞社の迅速で誠意ある回答を求めます。平成30年７月23日

〈朝日新聞への１回目の申入れ書〉

平成30年7月6日
株式会社朝日新聞社　代表取締役社長　渡辺雅隆殿

御社英語報道に関する申し入れ

所謂「慰安婦問題」に関し、朝日新聞デジタル英語版では記事の内容とは無関係に、下記の表現が必ず挿入されています。

Comfort women, who were forced to provide sex to Japanese soldiers before and during World War II.
第二次大戦前、および大戦中に、日本兵に性行為を強制された慰安婦

Comfort women is euphemism for women who were forced to provide sex to Imperial Japanese troops before and during the war.　Many of the women came from the Korean Peninsula.
慰安婦とは戦前および戦中に日本軍部隊に性行為を強制された女性達の婉曲表現である。女性たちの多くは朝鮮半島から来ていた

朝日新聞社はこれまで、「女性を拉致して性奴隷にしたとは書いていない」と弁明していますが、英語ネイティブスピーカーが読めば、「軍隊による物理的な強制で性行為を強いられた」という印象を受けることは、カリフォルニア州弁護士のケントギルバートが証言するように明らかです。このような表現の使用は、朝日新聞社が2014年8月に吉田清治の証言を虚偽と認めて記事を撤回した事実と真っ向から矛盾する行為であり、今なお世界中に「慰安婦強制連行・性奴隷説」を積極的に流布していると見なさざるを得ず、看過できません。私たちは、朝日新聞社に下記を申し入れます。

１．今後、前記の表現（forced to provide sex）を使用しないこ

【執筆者略歴】

ケント・ギルバート

1952年、米国アイダホ州生まれ、ユタ州育ち。米カリフォルニア州弁護士、タレント。1983年、テレビ番組『世界まるごとHOWマッチ』にレギュラー出演し、一躍人気タレントとなる。近年は企業経営や講演、執筆活動も行う。主な著書に、『儒教に支配された中国人と韓国人の悲劇』『中華思想を妄信する中国人と韓国人の悲劇』(ともに講談社+α新書)、『まだGHQの洗脳に縛られている日本人』『いよいよ世界に本当の歴史を発信する日本人』(ともにPHP文庫) ほか多数。

山岡鉄秀（やまおか　てつひで）

1965年、東京都生まれ。中央大学卒業後、シドニー大学大学院、ニューサウスウェールズ大学大学院修士課程修了。2014年、豪州ストラスフィールド市において、中韓反日団体が仕掛ける慰安婦像設置計画に遭遇。子供を持つ母親ら現地日系人を率いてAJCN（Australia-Japan Community Network）を結成。2015年8月、同市での「慰安婦像設置」阻止に成功した。著書に、『日本よ、もう謝るな！』(飛鳥新社)、『日本よ、情報戦はこう戦え』(育鵬社)。

大西達夫（おおにし　たつお）

1967年、東京都生まれ。弁護士・弁理士。早稲田大学法学部卒業。1995～2006年、裁判官（うち2000～2003年、訟務検事）。2006年弁護士登録（第一東京弁護士会）。現在、MLIP《エムリップ》経営法律事務所所長、厚生労働省・政策評価に関する有識者会議（医療・衛生ワーキンググループ）委員、憲法改正発議研究会（代表・中島繁樹弁護士）会員、日本弁理士会「憲法との関係における知的財産制度の在り方検討ワーキンググループ」委員。

日本を貶《おとし》め続ける
朝日新聞との対決　全記録

2018年12月31日　第1刷発行

著　　者　ケント・ギルバート　山岡鉄秀
発 行 者　土井尚道
発 行 所　株式会社　飛鳥新社
〒101-0003　東京都千代田区一ツ橋 2-4-3　光文恒産ビル
電話　03-3263-7770（営業）　03-3263-7773（編集）
http://www.asukashinsha.co.jp
装　　幀　神長文夫＋松岡昌代
撮　　影　佐藤英明
印刷・製本　中央精版印刷株式会社

ISBN 978-4-86410-659-7

編集担当　工藤博海　梶原麻衣子